단번에
개념 잡는
에너지

**8가지 핵심 질문으로
빠르게 마스터하는
중학 과학의 기초!**

신나는 과학을 만드는 사람들
박순혜, 이효정 지음

단번에
개념 잡는
에너지

1 주제 1 개념 8 질문

1 손에 쏙 들어오는 **한 권**의 책으로

1 융합학문의 기초인 **교과 개념 하나**를

8 여덟 가지 핵심 질문으로 탄탄하게 마스터!

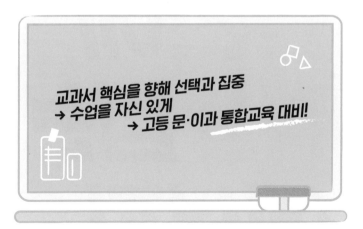

교과서 핵심을 향해 선택과 집중
→ 수업을 자신 있게
　→ 고등 문·이과 통합교육 대비!

 한눈에
주제와 개념을
파악할 수 있는

30초 **예습** 퀴즈

시작은 간단하게!
얼마나 알고 있나 OX 문제를 맞혀 보자

본문 속 형광펜으로 **정답 풀이!**

 이것만은
알아야 할
키워드 학습

30초 **복습** 퀴즈

마무리는 단단하게!
확실히 알고 있나 주관식 문제를 풀어 보자

기본기를 높여 주는 **핵심 정리!**

☞ **예습·복습 퀴즈 합쳐서   1 분**

☞ **총 16개 퀴즈로   8 분 개념 완성**

중등

| 과학 1 | I | 지권의 변화 |

과학 2	I	물질의 구성
	II	전기와 자기
	VII	수권과 해수의 순환
	VIII	열과 우리 생활

과학 3	III	운동과 에너지
	VI	에너지 전환과 보존
	VIII	과학기술과 인류문명

고등

차례

우리는 지금까지 지구의 다양한 자원을 활용해 에너지를 생산하는 수많은 방법을 개발해 왔고, 세계화를 통해 다양한 자원을 배분하며 그 혜택을 누리며 살아왔습니다. 그러나 에너지를 생산하고 사용하는 과정에서 발생한 이산화 탄소나 자원을 배분하는 과정에서 발생한 불균형은 기후변화와 에너지 위기로 이어지기도 했습니다. 이로 인해 인류는 지금까지 사용해 온 에너지의 장점뿐 아니라 한계를 경험하게 되었고, 앞으로는 환경에 미치는 영향을 고려해 에너지 사용의 새로운 방향을 정해야 하는 변화에 직면하게 되었습니다.

분명 에너지는 우리 삶의 대부분을 차지한다고 해도 과언이 아니지만, 그 에너지는 눈으로 보거나 손으로 만질 수 있는 것은 아니어서 조금 어렵게 느껴지는 부분도 있습니다. 이 책은 이러한 고민에서 출발해 에너지를 쉽게 이해할 수 있도록 구성했습니다.

책의 앞부분에서는 과학 교과서에서 다루는 에너지의 정의를 중심으로 설명하고, 에너지의 전환과 보존과 같은 개념을 다룹니다. 중반부에서는 우리를 둘러싼 환경을 변화시키는 에너지의 역할을 살펴봅니다. 마지막으로 우리가 지금까지 사용한 에너지원의 사용과 한계를 살펴보며 환경에 미치는 영향을 줄여 나가기 위해 세계가 고민하고 약속한 것은 무엇인지를 다루며 우리가 앞으로 나아갈 방향을 모색합니다.

미래 세대가 살아가는 데 필요한 자원과 환경을 손상시키지 않으면서 현재를 살아가는 우리의 욕구를 동시에 충족하는 발전을 지속 가능한 발전이라고 합니다.

"나 혼자만의 변화로는 세상을 바꿀 수 없지만, 우리 각자가 변화를 추구하면 희망은 있다."

환경 다큐멘터리 영화 〈노 임팩트 맨〉(2010) 속 대사입니다. 이 영화는 우리 각자가 생활 속에서 실천할 수 있는 에너지 절약법을 이야기합니다. 에너지를 이해하고 미래에 대비하는 첫걸음에 이 책이 도움이 되기를 기대합니다.

1

에너지란 무엇인가요?

30초 예습 퀴즈

에너지에 대해 얼마나 알고 있는지 OX 문제를 풀어 보세요.

❶ 과학책 읽기는 과학에서 정의하는 '일'에 해당한다. (O , X)

❷ 철봉에 1분 동안 매달려 있기는 과학에서 정의하는 '일'에 해당한다. (O , X)

❸ 일하는 데 걸리는 시간이 짧을수록 일률은 증가한다. (O , X)

❹ 도구를 사용해 일하면 한 일의 양이 줄어든다. (O , X)

❺ 물체가 가진 에너지는 물체가 한 일을 측정해 구할 수 있다. (O , X)

여행을 떠난다면 어디로 떠나고 싶나요? 원하는 놀이기구를 마음껏 타고 놀 수 있는 놀이공원, 물놀이를 할 수 있는 바다……. 일상생활에서 벗어나 다른 장소로 떠나는 일은 상상만으로도 즐겁습니다. 그곳까지 무엇을 타고 갈 건가요? 무엇을 타고 가든지 그 교통수단을 움직이려면 연료가 필요합니다. 자동차를 움직이는 연료로는 휘발유나 경유 같은 기름이 있습니다. 자동차는 연료를 연소시키며, 그때 발생하는 열에너지를 이용해 우리를 이곳저곳으로 데려다줍니다.

연료에 저장된 에너지는 자동차를 움직이는 일을 해 줍니다. 이처럼 일과 에너지는 서로 중요한 관계죠. 우리의 삶에는 에너지를 공급받아야만 할 수 있는 수많은 일이 있습니다. 그럼 이제 일과 에너지의 의미를 알아볼까요?

일의 과학적 정의

일상에서 우리가 말하는 일에는 여러 의미가 있습니다. 어떤 학생에게 하루 동안 자신이 한 일을 나열해 보라고 하면 어떤 일들을 적을까요?

· 맛있는 음식을 먹은 일

· 학교로 등교한 일

· 친구들과 큰 소리로 말한 일

· 교실에서 수업 들은 일

이렇게 하루를 보내면서 했던 수많은 일을 나열할 수 있습니다. 토론을 하거나 생각하고 공부하는 것도 일을 했다고 표현하죠. 그런데 과학에서 정의하는 일은 일상적으로 말하는 일과 다릅니다. 과학에서는 물체에 힘을 가해 힘의 방향으로 물체가 이동했을 때만 일을 했다고 표현합니다. 앞에서 살펴본 일상적인 일들은 물체에 작용한 힘이나 물체가 이동한 거리를 나타내고 있지 않기 때문에 과학에서 말하는 일에 해당하지 않습니다. 즉 ❶ 머리로 생각하는 일이나 눈으로 책을 읽는 행동은 과학에서 정의하는 일이 아닙니다.

과학에서 정의하는 일의 의미를 조금 더 살펴보겠습니다. 과학에서는 물체에 힘이 작용해 그 방향을 따라 물체가 이동했을 때 일을 했다고 합니다. 힘의 크기와 이동한 거리는 모두 측정할 수 있는 값이죠. 그래서 물체에 힘이 한 일의 양은 힘의 크기와 이동한 거리의 곱으로 나타냅니다.

한 일의 양 = 힘 × 이동 거리

여기서 한 가지 생각해 보겠습니다. 누군가가 키나 몸무게를 여러분에게 물어본다면 어떻게 답하나요? 160, 60처럼 숫자만 답하지는 않을 겁니다. 160센티미터, 60킬로그램처럼 단위를 붙여서 답하죠. 무언가를 측정하고 그 수치를 표현할 때는 적절한 단위를 붙여야 합니다. 이 공식에 적절한 단위를 붙여 볼까요? 힘의 크기는 뉴턴(N), 이동 거리는 미터(m), 한 일의 양은 줄(J)이라는 단위를 씁니다.

한 일의 양(J) = 힘(N) × 이동 거리(m)

이제 과학에서 일을 나타낼 때 쓰는 올바른 단위를 찾은 것 같네요.

단위를 붙일 때는 과학에서 업적을 남긴 과학자의 이름에서 따오는 경우가 많습니다. 힘의 단위는 과학자 아이작 뉴턴의 이름에서 가져온 뉴턴을 사용하고, 일의 양은 에너지 보존 법칙과 관련해 업적을 남긴 과학자 제임스 프레스콧 줄의 이름에서 가져온 줄을 사용합니다. 그래서 일의 양을 나타내는 단위는 힘×이동 거리, 즉 N×m을 사용할 수도 있지만 줄로 간단히 나타내기도 합니다. 어떤 물체를 1뉴턴의 힘으로 1미터를 옮겼다면, 이 힘이 물체에 해 준 일의 양은 1N×1m=1J이 됩니다.

힘이 물체에 해 준 일의 양을 계산하는 연습문제를 풀어 볼까요? 물체에 한 일의 양을 각각 계산해 보세요.

무게가 50N인 상자가 바닥에 놓여 있다.
① 이 상자를 20N의 힘으로 3m 밀었다.
② 이 상자를 위로 3m 들어 올렸다.

①의 경우 힘이 물체에 한 일의 양은 60줄입니다. 물체에 20

뉴턴의 힘을 주어서 3미터를 이동시켰으므로, 힘의 크기(20N)와 이동 거리(3m)를 곱해 20N×3m=60J이라는 답을 구할 수 있습니다. ②의 경우를 살펴볼까요? 이 문제에는 물체를 들어 올리는 데 필요한 힘의 양이 쓰여 있지 않지만, 물체를 들려면 물체의 무게만큼 힘이 드니까 50뉴턴의 힘이 필요합니다. 따라서 물체의 무게만큼의 힘(50N)과 이동 거리(3m)를 곱해 50N×3m=150J의 일을 했다는 것을 알 수 있습니다. 이처럼 같은 물체를 같은 거리만큼 이동시켰더라도 방향에 따라 일의 양이 달라질 수 있습니다.

과학에서의 일은 물체에 **힘**이 작용해 물체가 힘의 방향으로 **이동**할 때 의미가 있습니다. 따라서 두 가지 조건 가운데 하나라도 만족하지 않으면 일을 했다고 할 수 없습니다. 일이라고 할 수 없는 예를 들어 볼까요? 먼저 물체에 작용한 힘의 크기가 0인 경우입니다. 매끄러운 빙판 위에서 스케이트를 타고 미끄러질 때는 앞으로 나아가는 힘을 주지 않아도 앞으로 나아갑니다. 물론 처음에는 속도를 내기 위해서 힘을 주어 발을 내디뎌야 하지만, 그 이후에는 힘을 주지 않아도 그 속력을 유지하며 이동할 수 있습니다. 이렇게 미끄러지는 상황에서는 스케이트에 작용하는 힘의 크기가 0이 되기 때문에, 사람이 스케이트에 해 준 일의 양도 0이 됩니다. 피겨스케이팅 선수의 멋진 스파이럴

동작을 보고, 한 일의 양이 0이라고 말한다면 그 선수는 허무한 마음이 들 것 같지만요.

두 번째로는 물체의 이동 거리가 0인 경우입니다. 지금 가까운 곳에 벽이 있다면 힘을 다해 밀어 보세요. 벽은 아무리 큰 힘을 주어 밀어도 움직이지 않습니다. 이때 사람이 벽에 한 일의 양은 0이 됩니다. ❷ 철봉에 매달려 오래 버티는 운동을 했더라도 사람이 철봉에 한 일의 양이 0이 되는 것도 같은 이유입니다.

세 번째로는 물체에 작용한 힘의 방향과 물체의 이동 방향이 수직인 경우입니다. 무거운 상자를 들어 올려서 앞으로 걷는 상황을 떠올려 봅시다. 상자를 들고 있을 때는 힘을 위쪽으로 주게 됩니다. 이때 상자를 들고 걷는다면, 걷는 방향은 위쪽이 아니라 앞쪽이 됩니다. 상자가 옮겨질 때 힘의 방향을 따라서 움직인 게 아니었기 때문에, 사람이 상자를 옮기는 데 한 일의 양은 0이 됩니다. 과학적으로 일을 했다고 말하려면 물체에 작용한 힘의 방향을 따라서 물체가 나란히 이동해야 합니다.

산업혁명에서 비롯한 일률이라는 단위

조선의 22대 왕인 정조는 수원에 길이 약 5.5킬로미터에 달하는 화성을 지으려 했습니다. 당시 기술로는 성곽과 관련된 시설 공사를 하는 데 10년이 걸리리라 예상했다고 합니다. 이 때 실학자 정약용은 서양과 중국의 기술을 발전시켜 거중기와 녹로, 유형거 같은 새로운 건설장비를 개발합니다. 그리고 이 기계를 이용해 공사를 시작한 지 2년 9개월 만인 1796년에 수원 화성을 완공했습니다. 성을 지으려면 건설할 때 필요한 목재와 돌을 현장으로 나르고, 높게 쌓아 올리기 위해 많은 일을 해야 합니다. 그런데 그 시간을 무려 7년 넘게 단축했으니 일의 효율이 얼마나 높아졌는지 짐작할 수 있습니다. 이렇게 같은 일을 하더라도 더 짧은 시간에 해낼 수도 있고, 더 오래 걸릴 수도 있습니다.

이처럼 일의 효율을 비교할 때는 시간이라는 요소가 중요합니다. ❸ 일을 하는 데 걸리는 시간이 적게 들수록 일의 효율이 높아집니다. 이를 **일률**이라고 합니다. 주어진 시간 동안 한 일의 양이 많을수록, 또 같은 양을 일하더라도 시간이 적게 걸리면 일률이 높다고 말할 수 있습니다. 일률을 구하는 식은 다음과 같습니다.

$$일률(W) = \frac{일의 \ 양(J)}{시간(s)}$$

일률은 일의 단위인 줄과 시간의 단위인 초(s)를 사용해 줄퍼 세크(J/s)라는 단위를 사용합니다. 또는 증기기관을 개량하는 데 공헌한 제임스 와트의 이름에서 따온 와트(W)를 단위로 쓰기도 합니다.

바닥에서 상자를 들어 올리는 일의 일률을 계산해 볼게요. 이 상자의 무게는 100뉴턴이고, 5미터 높이의 선반에 올려 두는 일을 한다고 가정해 봅시다. 이 상자를 옮기는 데 철수는 2초, 영희는 1초가 걸렸습니다. 두 사람의 일률은 얼마가 될까요? 두 사람이 상자를 옮기는 데 한 일의 양은 상자의 무게(100N)와 이동 거리(5m)의 곱한 값인 100N×5m=500J로 동일합니다. 하지만 일률은 다르죠. 일률은 일의 양을 시간으로 나누어 주면 됩니다. 철수는 500줄의 일을 하는 데 2초가 걸렸으므로 250와트의 일률로 일했고, 영희는 500줄의 일을 하는 데 1초가 걸렸으므로 500와트의 일률로 일했습니다. 시간이 짧게 걸린 영희가 더 높은 일률로 일했음을 알 수 있습니다.

일률의 단위를 한 가지 더 소개하겠습니다. 제임스 와트가 증기기관을 연구했던 18~19세기에는 말의 힘을 빌려 대부분의 농사일을 했습니다. 과거 우리나라에서 소를 이용해 밭을 갈고 농사를 지었던 것처럼요. 제임스 와트는 일률의 단위를 도입할 때 사람들이 쉽게 이해하도록 말 한 마리가 할 수 있는 일의 양을 나타내는 마력(馬力)을 도입했습니다. 마력은 단어 그대로 'horse power'의 첫 글자를 따서 hp라고 씁니다. 1마력(hp)은 질량 75킬로그램을 1초 동안 1미터 들어 올리는 일률을 뜻합니다.

요즘은 일상에서 말을 보기 어려우니 낯설게 느껴질 수 있지만, 여전히 자동차의 성능을 표시할 때는 마력이라는 단위를 씁니다. 자동차 광고에서 200마력 이상의 성능을 뽐내는 자동차를 보면, 말 200마리가 동시에 끌 수 있는 능력을 지닌 자동차라고 이해하면 됩니다. 현실에서 말 200마리를 키우고 유지하려면 엄청난 규모의 농장이 필요하고 관리하는 사람도 필요할 텐데, 자동차의 엔진이나 화석연료를 사용하면서 우리 삶이 얼마나 크게 변화했는지 실감할 수 있습니다.

인류 문명을 이끈 도구의 발명

문명이 시작된 이래 인류는 집을 짓거나 무덤을 짓는 등 건축을 하려고 수많은 일을 해 왔습니다. 고대 그리스 때는 무거운 돌기둥을 가장 높은 곳으로 옮겨 신을 모시는 신전을 지었고, 구석기 시대에는 계급이 높은 사람을 기리기 위해 거대한 고인돌 무덤을 만들었습니다. 또 이집트에서는 나일강 범람을 대비해 곡식을 보관하거나 파라오가 죽은 후 무덤으로 쓰려고 피라미드를 만들기도 했습니다. 신체의 힘으로만 이 모든 것을 만들려면 천문학적 비용과 노동력이 필요했겠죠. 그래서 발명하고 개발한 것이 도구입니다. 도구를 이용하면 같은 일을 하더라도 더 쉽고 빠르게 해낼 수 있으니까요.

무거운 물체를 옮길 때 쓰는 도구로 떠오르는 것이 있나요? 수레가 그 대표적인 사례입니다. 수레에 달린 바퀴는 어떤 무거운 물체라도 쉽게 옮길 수 있도록 도와줍니다. 가장 오래된 바퀴는 메소포타미아 유적일 것으로 추정되는 유물로, 기원전 3500년경 전차용으로 쓰였던 바퀴라고 알려져 있습니다. 수메르인들은 통나무를 얇게 자른 후 축을 연결하는 마차를 발명했으며, 사람이 두 발로 걸어 다닐 때보다 더 빠른 속도로 더 많은 짐을 실어 나를 수 있도록 제작했습니다.

도구는 단순한 듯 보이지만 강력한 영향력이 있습니다. 처음엔 단순한 원리로 시작된 도구는 오늘날 엘리베이터나 냉장고처럼 복잡한 기계로까지 발전했습니다. 복잡한 기계를 구성하는 기본이 되고, 오직 하나의 움직임으로 작동하는 것을 **단순기계**라고 합니다. 단일한 힘으로 일하는 여섯 가지 단순 기계인 빗면, 쐐기, 나사, 지레, 축바퀴, 도르래의 쓰임에 대해 살펴보겠습니다.

1. 경사로(빗면)

이집트에서 가장 유명한 건축물인 피라미드는 돌덩이 하나에 약 1,000킬로그램이 넘는 석회암으로 지어졌다고 합니다. 특히 높이가 146미터에 달해 이집트 최대의 피라미드라고 불리는 쿠푸 왕의 대피라미드는 2.5톤이나 되는 사각 돌 300만 개를 사용했다고 알려졌습니다. 이 피라미드가 기원전 2560년에 만들어진 이래 인류는 무려 3,841년 동안 이보다 높은 구조물을 짓지 못했습니다. 먼 과거에 이렇게 거대한 구조물을 만들 수 있었던 비밀은 무엇일까요? 고고학자들은 무게가 1,000킬로그램이 넘는 석회암 사각 돌을 옮기기 위해 당시 사람들이 거대한 경사로를 만들었으리라 추측합니다.

빗면을 이용하면 물체를 한 높이에서 다른 높이로 옮기는 데 필요한 힘이 수직으로 바로 들어 올릴 때보다 줄어듭니다. 같은 일을 하더라도 경사각이 작아 빗면이 길어질수록 물체를 움직이는 데 필요한 힘은 줄어듭니다.

물체에 한 일의 양 = 힘↓ × 이동 거리↑

경사면을 이용하면 물체를 들어 올리는 데 필요한 힘의 크기는 줄어들지만, 물체를 움직여 이동시키는 거리는 길어집니다. 결과적으로 힘이 물체에 해 준 일의 양은 변함이 없겠죠. 여기서 알 수 있는 사실은 ❹ 도구를 이용해 한번에 들이는 힘의 크기를 줄이더라도 결국 같은 양만큼 일을 하게 된다는 것입니다. 이를 **일의 원리**라고 합니다. 힘에서 이득을 보면 그만큼 거리는 길어져 손해를 보게 됩니다.

2. 쐐기

쐐기는 휴대할 수 있는 경사면과 같습니다. 나무를 쪼개고 가르기 위해 사용하는 도끼나 방바닥과 문 사이 틈을 고정하는 도어스토퍼가 그 예입니다. 우리 몸에서도 찾을 수 있는데요. 사과를 한입 베어 물고 나면 남는 치아 자국이 있죠? 그 모습을 살펴보면, 치아도 쐐기 모양으로 생긴 것을 알 수 있습니다. 음식물의 단단한 표면을 효과적으로 쪼개기 위한 도구가 이미 우리 몸에 장착되어 있는 셈입니다. 이 쐐기의 경사면이 길어질수록 힘에서 더 큰 이득을 볼 수 있습니다.

육식 동물의 이빨은 초식 동물의 이빨보다 더 긴 쐐기 모양입니다. 더 질긴 고기를 자르고 찢는 데 사용하기 때문이죠. 공룡 같은 고대 동물의 이빨 화석을 조사하면 살아 있었을 때 무엇을 먹이로 삼았는지 추측할 수 있습니다.

3. 나사

나사는 스크류바 아이스크림 모양처럼 막대를 둘러싼 나선 모양을 하고 있습니다. 나무에 못을 박을 때 나선이 없다면 망치로 아주 큰 힘을 주어 내리쳐야만 못이 박히겠지만, 나선이 있다면 결을 따라서 적은 힘으로 나사못을 고정할 수 있습니다. 나선의 모양이 촘촘하고 길수록 더 적은 힘으로 못을 박을 수 있습니다.

높은 산을 오르는 도로에서도 이 원리를 찾을 수 있죠. 산을 오르는 도로는 구불구불 굽이져 있어서 자동차를 타고 우리는 적은 힘으로 산을 안전하게 오를 수 있습니다. 이 역시도 일의 원리가 적용된 사례입니다. 나사를 사용해 힘의 크기를 줄이는 만큼 이동하는 거리가 늘어나게 되어, 전체적으로 한 일의 양은 변함이 없습니다.

4. 지레

놀이터에서 시소를 타 본 적 있나요? 시소가 지레의 원리를 사용한 놀이기구입니다. 몸무게 차이가 큰 엄마와 아이가 함께 타더라도, 아이가 엄마를 들어 올릴 수 있는 막강한 도구죠. 아이가 엄마를 들어 올리는 방법은 간단합니다. 엄마보다 중앙 받침대에서 더 멀리 떨어진 끝 쪽에 앉으면 됩니다. 앉은 자리에서 상대를 들어 올리기 위해 몸을 뒤로 젖히는 것과 같은 원리입니다.

이때 아이가 오르내리는 높이와 엄마가 오르내리는 높이를 보면 차이를 비교할 수 있습니다. 아이는 엄마보다 적은 힘으로 엄마를 들어 올릴 수 있는 대신 끝에 앉았기 때문에 오르내리는 수직 거리는 엄마보다 큽니다. 적은 힘으로 일하는 대신 이동거리가 더 큰 셈이에요. 이것이 일의 원리입니다. 지레를 사용하면 힘에는 이득이 있으나, 일의 양에는 변함이 없습니다.

지레의 원리를 수학적으로 설명한 것으로 유명한 그리스의 아르키메데스는 히에론 왕에게 "나에게 충분히 긴 지레와 설 수 있는 장소만 준다면, 지구를 움직여 보이겠습니다"라고 말했습니다. 지레의 원리를 이용하면 약 5.972×10^{24}킬로그램에 달하는 무거운 지구도 사람이 들어 올릴 수 있습니다.

5. 축바퀴

문에 달린 문고리를 돌리다가 문고리가 빠지면 어떻게 될까요? 중앙 연결 부분의 작은 구멍에 끼워져 있는 가느다란 막대만으로는 문을 여닫기 어려울 겁니다. 문고리 안에는 고정 장치와 잠금 장치가 작은 부품들로 연결되어 있는데, 이 크기대로 손잡이를 가늘게 만든다면 사람들은 문을 여닫는 게 어려워서 문을 차라리 열어 두고 지낼지도 모르겠습니다. 다행히 사람들은 축바퀴라고 하는 단순 기계의 원리를 적용해 손으로 잡기 편한 크기의 문고리를 만들었습니다.

축바퀴는 큰 바퀴와 작은 바퀴가 중심축을 기준으로 고정되어 있어서 두 바퀴가 함께 돌아가는 장치를 말합니다. 큰 바퀴와 작은 바퀴가 연결되어 함께 돌아가기 때문에 힘을 전달할 수 있게 됩니다. 큰 바퀴를 돌리면 적은 힘으로 돌릴 수 있지만, 큰 바퀴의 지름만큼 더 많이 돌려야 합니다. 축바퀴로 일할 때 힘의 이득은 얻을 수 있지만, 다른 도구에서와 마찬가지로 이동 거리 측면에서는 그만큼 손해를 보게 됩니다. 따라서 축바퀴를 사용하지 않았을 때와 비교했을 때 일의 양은 같습니다.

6. 도르래

도르래는 바퀴에 끈이나 체인을 매달아 힘의 방향을 바꾸거나 힘의 크기를 줄이는 장치로, 축이 고정되었는지 움직이는지에 따라 고정도르래와 움직도르래로 나뉩니다. 고정도르래는 배의 돛을 올리는 꼭대기 부분이나 국기를 게양하는 봉 끝에서 볼 수 있습니다. 도르래 위에서 움직이는 줄의 한쪽 끝에 올리려는 물체를 매달고, 다른 쪽에서 힘을 주어 당기면 손쉽게 물체를 들어 올리게 됩니다. 같은 힘이 필요한 상황이라면 물체를 아래에서 위로 올리는 것보다 위에서 아래로 당기는 게 더 편리하죠. 고정도르래를 사용하면 기계적 이득은 없지만, 힘의 방향을 바꿀 수 있습니다.

움직도르래를 사용해 물체를 들어 올리면 힘이 두 줄에 나뉘어 걸리게 됩니다. 물체를 드는 데 필요한 힘의 양이 절반으로 줄어들죠. 만일 움직도르래에 연결된 줄을 1미터 당기면 물체는 50센티미터만큼 올라옵니다. 힘이 줄의 양쪽이 나뉘는 만큼 높이 변화도 절반으로 줄어드는 것입니다. 따라서 움직도르래를 사용하면 힘의 양은 절반으로 줄어들고, 당기는 줄의 길이는 두 배로 늘어남을 알 수 있습니다. 다른 도구를 사용할 때처럼 힘이 절반으로 줄어드니 이득이 있지만, 이동 거리에서 손해를 보기 때문에 일의 양은 변함이 없습니다.

일과 에너지의 전환

도구를 이용해 주로 하는 일은 무거운 물체의 위치를 옮기는 일입니다. 물체에 일을 해 주면 물체는 처음과 달라진 높이에 있거나, 빠르게 움직일 수 있습니다. 물체의 높이나 속도가 달라지면 어떤 일을 할 수 있을까요?

예를 들어 망치를 높은 곳으로 들어 올리면, 그 높이에서 망치는 못을 박을 수 있는 일을 할 수 있게 됩니다. 시소의 높은 쪽에 올라가 있는 사람은 반대편 사람을 들어 올리는 일을 할 수 있죠. 나무에 높이 매달린 사과는 뚝 떨어지면서 나무 아래에 있는 사람의 머리를 찧을 수도 있습니다. 이처럼 지면보다 높이 있는 물체는 다른 일을 할 수 있는 능력이 생깁니다.

이처럼 다른 일을 할 수 있는 능력을 에너지(energy)라고 합니다. 에너지는 고대 그리스어에서 출발한 단어로, '일'을 뜻하는 에르곤(ergon)과 '~하다'라는 의미의 접두사(-en)가 합쳐져 만들어졌습니다. 물체에 일을 해 주면 물체는 에너지를 얻게 되고, 이 물체가 가진 에너지는 다른 일을 할 수 있게 됩니다. **일과 에너지는 서로 전환되는 관계인 셈이죠.**

다른 예로 한 양궁선수가 당기는 활시위를 생각해 볼게요. 선수가 활을 당기는 일을 해 주면, 활줄은 다시 원래 모양으로 돌아가려는 탄성으로 인해 화살을 멀리 있는 과녁까지 날려 보내는 일을 할 수 있습니다. 선수가 활줄을 당기는 일을 한 만큼 활줄에 탄성력으로 인한 에너지가 저장되고, 저장되어 있던 탄성 에너지는 화살을 먼 곳으로 날려 보내는 일을 하게 됩니다. 이로써 일과 에너지는 서로 형태를 바꿀 수 있다는 것을 알 수 있습니다. ❺ 만일 물체가 가진 에너지를 정확히 알기 어렵다면,

물체가 하는 일을 양을 측정함으로써 원래 가지고 있던 에너지를 거꾸로 찾아갈 수도 있습니다.

물체가 에너지를 가지고 있으면 일을 할 수 있고, 물체가 에너지를 소모해 일하면 그 물체가 한 일의 양만큼 에너지가 감소합니다. 반면, 외부에서 물체에 일을 해 주면 물체가 받은 일만큼 에너지가 증가합니다. 마찰이나 공기의 저항으로 인해 소모되는 에너지가 없다면 물체에는 일의 양만큼 에너지의 변화가 생기게 됩니다.

30초 복습 퀴즈

배운 내용을 찬찬히 떠올리며 아래 빈칸을 채워 보세요.

과학에서의 ❶(　　)은 물체에 힘이 작용해 물체가 힘의 방향으로 이동하는 경우를 의미한다. 단위로는 ❷(　　　)을 사용한다. 같은 양의 일을 하더라도 시간이 짧게 걸릴수록 일의 효율이 높아지는데, 단위 시간당 한 일의 양을 ❸(　　)이라고 한다. 도구를 이용할 때 힘에 이득이 있더라도 물체에 한 일의 양은 변함이 없다는 원리를 ❹(　　　)라고 한다. 물체에 일을 해 주면 물체는 ❺(　　)를 갖게 되고 이 물체가 가진 ❺(　　)는 다른 일을 할 수 있게 된다.

정답 ❶ 일 ❷ 줄(J) ❸ 일률 ❹ 일의 원리 ❺ 에너지

2

에너지는
어떻게 물체를
움직이나요?

30초 예습 퀴즈

운동에너지와 위치에너지에 대해 얼마나 알고 있는지 OX 문제를 풀어 보세요.

❶ 운동하는 물체의 빠르기는 속력으로 나타낸다.　　　　　　　(O , X)

❷ 물체가 일을 받으면 물체의 에너지는 증가한다.　　　　　　　(O , X)

❸ 자유 낙하할 때 무거운 물체가 가벼운 물체보다 빠르게 떨어진다. (O , X)

❹ 지구에서 낙하하는 물체의 빠르기는 1초마다 9.8m/s씩 증가한다.(O , X)

❺ 에너지는 서로 다른 형태의 에너지로 전환될 수 없다.　　　　　(O , X)

우리 주변에서 관찰할 수 있는 물체의 운동은 다양합니다. 경기장에서 빠르기를 다투는 경주용 자동차들, 떨어지는 나뭇잎, 거미줄을 타고 올라가는 거미, 위아래로 오르내리는 놀이 기구, 앞뒤로 움직이는 그네, 높은 곳에서 떨어지며 스릴을 즐길 수 있는 번지점프, 일정한 속력으로 움직이는 무빙워크, 계속 원을 그리며 움직이는 시곗바늘 등 여러 종류의 운동이 있습니다.

운동을 얼마나 했는지 나타내려면 어떻게 해야 할까요? 또 이와 관련된 에너지에는 어떤 종류가 있을까요?

비행기를 타고 높은 곳에서 비행하다 낙하산을 메고 지상으로 낙하하면서 빠른 속력과 강한 바람을 즐기는 극한의 스포츠를 아시나요? 바로 스카이다이빙입니다. 낙하산을 펼쳐 떨어지는 속력이나 방향을 조절하며 스릴을 즐기는 스포츠입니다. 몸의 자세를 바꾸면 바람의 저항이 달라지는데, 낙하할 때 가장 빠른 순간 속력은 시속 200킬로미터에 이르기도 합니다. 사람이 맨몸으로 경험할 수 있는 매우 빠른 운동 가운데 하나죠. 운동을 분석할 때 빠르기는 빼놓고 얘기할 수 없는 가장 필수적인 요소입니다.

운동하는 물체의 빠르기를 비교하려면 기준이 필요합니다. 물체가 이동한 거리나 이동하는 데 걸린 시간에 대한 정보를 알아야 하죠. 같은 거리를 이동할 때는 걸린 시간이 짧을수록 빠르고, 같은 시간 동안에 이동했다면 이동 거리가 멀수록 빠릅니다.

한번 비교해 볼게요. 100미터 달리기의 세계 신기록은 2009년 우사인 볼트가 기록한 9.58초입니다. 마라톤 세계 신기록은 2018년에 엘리우드 킵초게가 세운 2시간 1분 39초입니다. 수영 자유형 50미터 종목은 계속 기록이 경신되고 있는데,

20초대가 가장 빠른 기록입니다. 세 종목은 주행 거리와 시간이 제각기 달라서 어느 종목의 속도가 가장 빠른지 비교하기 어렵습니다. 그렇지만 이를 100미터 경기로 환산하면 평균 빠르기를 비교할 수 있습니다. 마라톤 기록은 17.30초이고 수영은 40초입니다. 이렇게 기준을 세우면 같은 시간 동안 어떤 종목 선수의 움직임이 더 빨랐는지를 비교할 수 있습니다.

❶ 물체의 빠르기는 일정한 시간 동안 이동한 거리로 구합니다. 이때 단위 시간당 이동한 거리를 **속력**이라고 합니다. 속력의 단위는 매초당 이동한 거리를 나타내는 미터 퍼 세크(m/s)나 시간당 이동한 거리를 나타내는 킬로미터 퍼 아워(km/h)가 있습니다. 공으로 하는 운동 중 공이 가장 빠르게 날아가는 종목은 배드민턴으로, 스매싱할 때 셔틀콕의 순간 속력은 332km/h에 이른다고 합니다. 다음으로는 골프공(310km/h), 테니스공(263km/h), 아이스하키 퍽(200km/h), 야구공(170km/h), 축구공(150km/h) 순으로 빠릅니다.

주변에서 볼 수 있는 수많은 물체는 빠르기나 방향이 일정하지 않고 계속해서 변하는 **가속 운동**을 합니다. 이런 경우에는 물체가 이동한 총 거리를 이동하는 데 걸린 시간으로 나누어 속력을 구하는데, 이를 **평균 속력**이라고 합니다.

$$평균 속력(m/s) = \frac{총 \, 이동 \, 거리(m)}{걸린시간(s)}$$

만약 정지한 자동차가 출발한 직후부터 속력을 내기 시작해 30초 동안 600미터를 운전했다면 평균 속력은 얼마일까요? 총 이동 거리(600m)를 총 시간(30초)으로 나누면, 정답은 20m/s가 됩니다.

한편 에스컬레이터나 컨베이어벨트, 무빙워크와 같이 움직이는 속력이나 방향이 변하지 않고 일정한 경우도 있는데, 이러한 운동은 **등속도 운동**이라고 합니다.

움직이는 물체의 운동에너지

움직이는 물체는 다른 물체에 에너지를 전달할 수 있습니다. 굴러가는 볼링공은 볼링핀을 쓰러뜨릴 수 있고, 야구선수가 빠르게 휘두른 배트는 야구공을 멀리 날려 보낼 수 있고, 유리창에 날아가던 야구공이 부딪히면 유리창이 깨지기도 합니다. 또 파도는 정박해 있는 배를 움직이게 하고, 해안 절벽을 침식하며 해안 동굴을 만들 수도 있습니다. 이렇게 움직이는 물체는 어떤 일을 할 수 있는 에너지를 갖고 있는데, 이를 물체의 **운동**

에너지라고 합니다.

운동하는 물체의 에너지는 어떻게 알 수 있을까요? 운동하는 물체가 한 일의 양을 통해 알 수 있습니다. 운동하는 물체의 속력과 질량을 달리해 나무토막을 밀어내는 실험을 생각해 보겠습니다. 그림과 같이 책상 위에 장치를 준비합니다. 수레가 나무토막에 충돌하기 직전에 속력 측정기가 작동되도록 해 놓고, 수레의 속력과 질량을 다르게 조절하면서 멈춰 있는 나무토막과 충돌시킵니다. 그리고 수레의 질량(kg)과 속력(m/s)에 따라 나무토막이 밀려난 거리(cm)를 측정합니다.

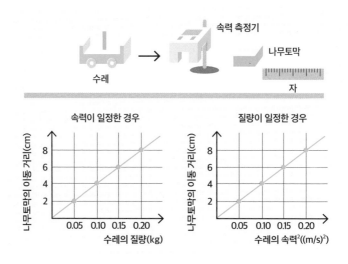

운동하는 수레의 에너지를 측정하는 실험

움직이는 수레가 나무토막과 충돌하면 수레는 멈추면서 나무토막을 미는 일을 하게 됩니다. 이때 나무토막이 밀려난 거리를 비교하면 움직이던 수레가 갖고 있던 운동에너지의 크기를 알아낼 수 있습니다. 수레의 속력은 똑같이 두고 질량을 두 배, 세 배씩 변화시키면 나무토막이 밀려나는 거리는 두 배, 세 배씩 늘어납니다. 이를 통해 움직이는 수레의 운동에너지는 질량에 비례함을 알 수 있습니다. 이번에는 수레의 질량은 똑같이 두고 속력만 두 배, 세 배씩 증가시키면 어떻게 될까요? 이때 나무토막이 밀려난 거리는 네 배, 아홉 배씩 늘어나게 됩니다. 이 실험을 통해 움직이는 수레의 운동에너지는 속력의 제곱에 비례함을 알 수 있습니다. 이런 정밀한 실험을 통해 운동에너지를 구하는 식을 구하면 다음과 같습니다.

$$운동에너지 = \frac{1}{2} \times 질량 \times 속력^2$$

운동에너지의 단위는 일의 단위와 같은 줄을 사용합니다. 일과 에너지는 서로 전환될 수 있기 때문에 단위도 동일하게 사용할 수 있는 것이죠. 예를 들어 볼게요. 만약 질량이 1킬로그램인 물체가 1m/s의 속력으로 움직인다면, 이 물체의 운동에너지는 0.5줄이 됩니다.

어떤 물체가 빠르게 움직인다면 느리게 움직이는 물체보다 더 큰 운동에너지를 가진다는 뜻이고, 같은 속도로 움직인다면 더 무거운 물체가 더 큰 운동에너지를 가지고 있다고 할 수 있습니다. 비탈길을 내려가는 자전거가 점점 속도가 붙어 빨라지는 모습을 보고 자전거의 운동에너지가 커진다고 표현할 수도 있습니다.

봅슬레이로 보는 일과 운동에너지

동계 올림픽 종목 가운데 봅슬레이 경기를 본 적 있나요? 봅슬레이는 얼음을 씌운 전용 트랙 위에서 원통형의 썰매를 타고 구불구불하고 경사진 트랙을 빠르게 주행하는 스포츠입니다. 얼음 위에서 빠른 속도로 주행하기 위해서 한 팀인 선수들은 힘을 모아 썰매를 밀면서 썰매의 속도를 빠르게 끌어올린 후 각자의 자리로 뛰어올라 앉습니다. 이때 선수들이 썰매를 미는 힘과 썰매가 이동한 거리, 점점 빨라지는 썰매의 속도는 어떤 관계가 있을까요? 1장에서 배운 내용을 생각해 보세요. 물체에 힘이 해 준 일의 양을 구하는 방법을 떠올린 다음, 봅슬레이의 운동에너지와 연결해 봅시다.

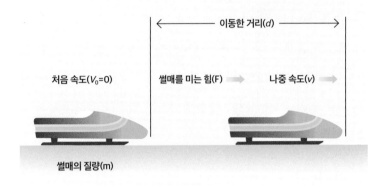

처음 속도(V_0=0)　　썰매를 미는 힘(F)　　나중 속도(v)

이동한 거리(d)

썰매의 질량(m)

봅슬레이의 운동에너지

　　처음에 멈춰 서 있던 썰매에 힘(F, force)을 줘서 이동 거리 (d, distance)가 생기도록 만들었다면, 선수들은 썰매에 힘×이동 거리=F×d만큼의 일을 해 준 게 됩니다. ❷ 선수들이 일을 했기 때문에 썰매의 속력은 늘어나게 되어 처음 속력(v_0, velocity)보다 빨라진 나중 속력(v)이 됩니다. 즉 썰매의 운동에너지가 증가했다고 말할 수 있습니다. 선수들이 미는 힘이 썰매에 일해 준 만큼 썰매의 운동에너지가 증가했기 때문에, 결과적으로 물체에 한 일(W, work)은 물체의 운동에너지 변화량($\triangle K$, kinetic energy)과 같다고 정리할 수 있습니다. 이를 **일-에너지 정리**라고 합니다. 이를 공식으로 나타내면 다음과 같습니다.

힘이 물체에 해 준 일 = 운동에너지의 변화량

$$W = \triangle K$$

$$Fd = = \frac{1}{2}mv^2 - \frac{1}{2}mv_0^2$$

봅슬레이 경기의 경우 썰매를 미는 힘의 방향과 썰매가 움직이는 방향이 같아서 운동에너지가 커집니다. 이와는 다르게 물체의 운동 방향과 힘의 방향이 다를 수도 있습니다. 달리던 자동차가 신호등의 주황색 불을 보면서 브레이크를 밟고 멈추는 상황에서는 브레이크의 제동력이 차의 주행 방향과는 반대로 작용합니다. 즉 물체의 운동 방향과 반대로 힘을 작용하면 속력이 줄어들고, 운동에너지의 크기도 작아지는 상황이 됩니다. 물체에 힘이 작용하는 방향과 실제 물체의 운동 방향이 같으냐 다르냐에 따라, 힘이 물체에 해 준 일은 운동에너지를 증가시키거나 감소시키는 변화를 만들어 냅니다.

지구 중력 가속도, 9.8m/s^2

손으로 꼭 쥐고 있던 공을 놓으면 공은 땅으로 떨어집니다.

나무에 매달린 열매도 항상 땅을 향해 떨어집니다. 갑자기 하늘로 솟아오르는 현상은 보기 어렵죠. 이는 지구 중심 방향으로 중력이 작용하기 때문입니다. 공기의 저항마저 없다면 떨어지는 물체에 작용하는 힘은 중력밖에 없습니다.

높은 곳에서 물체를 떨어뜨릴 때 무거운 물체와 가벼운 물체 가운데 땅에 먼저 닿는 건 어떤 공일까요? 이 질문에 답하기는 그리 쉽지 않았습니다. 그 답을 찾기 위해 고대 그리스의 철학자 아리스토텔레스의 생각까지 거슬러 올라가 보겠습니다. 아리스토텔레스는 무거운 돌은 가벼운 돌에 비해 땅으로 돌아가려는 성질이 강하다고 여겼습니다. 나뭇잎이나 눈송이처럼 가벼운 물체는 천천히 떨어진다는 일상의 경험과 일치했기 때문에 이 생각은 무려 2,000년 동안 비판 없이 받아들여져 왔습니다. 그런데 무거운 물체가 땅에 먼저 떨어지는 게 정말 맞을까요?

아리스토텔레스의 주장에 처음 반박한 사람은 이탈리아 과학자 갈릴레오 갈릴레이였습니다. 갈릴레이는 아리스토텔레스의 주장이 틀렸다고 생각했습니다. 이를 입증하기 위해서 갈릴레이가 피사의 사탑에서 무게가 다른 두 물체를 떨어뜨렸다는 이야기가 있지만, 이 일화는 갈릴레이를 존경했던 제자들이 꾸며 낸 이야기라는 설도 있습니다.

아무튼 갈릴레이는 어떻게 물체가 땅에 떨어지는 시간이

물체의 질량과 관계없다는 것을 사고실험을 통해 증명했습니다. 사고실험은 논리적인 사고를 통해 결과를 예측하는 실험을 말합니다. 갈릴레이의 사고실험은 다음과 같습니다.

"커다란 돌이 무거워서 10이라는 빠른 속도로 움직이고 작은 돌이 가벼워서 5라는 느린 속도로 움직인다고 할 때, 두 돌을 붙여서 낙하시키면 그 속도는 10보다 줄어들게 됩니다. 그러나 두 돌을 합친 무게는 원래 10의 속도로 낙하한 돌보다도 훨씬 무거워서 더 빠르게 낙하할 수밖에 없습니다. 이 결과는 모순되므로 무거운 물체가 먼저 떨어진다는 가설이 잘못되었다는 결론에 이릅니다."

❸ 이러한 논리적 사고를 통해 갈릴레이는 물체의 낙하 시간은 질량과 관계없이 동시에 떨어진다는 결론에 이릅니다.

일상에서 경험하는 것처럼 공기 저항이 있는 상황에서 무거운 볼링공은 가벼운 깃털보다 공기 저항을 거의 받지 않아서 빨리 지면에 도달합니다. 하지만 공기가 없는 진공 상태에서는 물체의 종류나 크기, 질량과 관계없이 모든 물체는 동시에 낙하합니다.

사고실험의 결과를 살펴봐도 여전히 무거운 물체가 먼저 떨어질 것 같은가요? 그럼 동시에 떨어지는 이유를 속도 변화(가속도) 측면에서 다시 생각해 봅시다. 낙하 운동하는 물체의 속력이 빨라지는 이유는 물체에 중력이 작용해 중력에 의한 가속도가 생기기 때문입니다. 무거운 물체는 가벼운 물체보다 질량이 크기 때문에 더 큰 중력이 작용합니다. 따라서 중력만을 고려한다면 질량이 큰 물체가 질량이 작은 물체보다 더 빨리 떨어진다고 생각할 수 있습니다.

그렇지만 같은 힘이 작용하더라도 물체의 질량이 크면 속력의 변화가 작다는 사실도 기억해야 합니다. 모든 물체는 자신의 운동 상태를 유지하려고 하는 성질이 있는데, 이를 **관성**이라고 합니다. 관성은 물체의 질량이 클수록 커지기 때문에, 동일한 힘이 작용하더라도 질량이 큰 물체의 속도를 변화시키기는 어렵습니다. 따라서 질량이 클수록 물체에 작용하는 중력의 크기도 커지지만, 그만큼 속도 변화는 더뎌집니다. 결과적으로 낙하하는 물체는 결국 질량과 관계없이 동시에 떨어집니다.

아폴로 15호를 타고 달에 도착한 우주인들은 달에 도착한 직후, 망치와 깃털을 동시에 바닥에 떨어뜨리는 실험을 수행했습니다. 그리고 그 실험을 한 까닭을 밝혔습니다. 낙하하는 물체에 대해 중요한 발견을 한 갈릴레오의 생각을 증명할 수 있는 유일한 곳은 달이며, 이보다 좋은 곳은 없다고요. 마침내 깃털과 망치가 바닥에 동시에 도달하는 것을 본 우주인들은 갈릴레

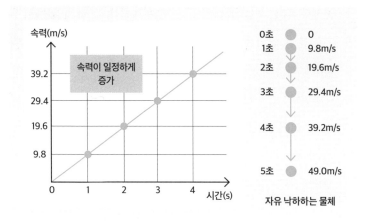

오가 옳았다고 외쳤습니다. 이 실험은 우주에서 펼쳐진 첫 자유 낙하 실험이며, 공기 저항이 없는 진공 상태에서 이루어진 진정한 자유 낙하 운동 실험이 되었습니다.

진공에서 떨어지는 물체는 크기나 질량과 관계없이 낙하하는 동안의 속도 변화가 같습니다. ❹ 공기의 저항을 무시할 때 지표면 근처에서 자유 낙하 운동하는 모든 물체의 속력은 매초 마다 일정하게 9.8m/s씩 빨라집니다. 이 값(9.8m/s²)이 지구에서의 중력 가속도 크기가 됩니다. 물체의 운동 방향으로 중력이라는 일정한 힘이 작용하기 때문에 일정한 가속도가 생기는 것이죠.

물체에 작용하는 중력의 크기는 **무게**로 나타낼 수 있고, 힘의 한 종류인 중력은 단위로 뉴턴을 사용합니다. 지표면 근처에서 물체에 작용하는 중력의 크기는 질량과 중력 가속도의 곱으로 구할 수 있습니다. 지표면에서 질량 1킬로그램인 물체에 작용하는 중력의 크기는 9.8뉴턴입니다.

중력의 크기 = 물체의 무게 = 질량(kg) × 지구 중력 가속도(9.8m/s²)

중력에 의한 위치에너지

물체를 들어 올리는 일을 해 주면 물체는 **중력에 의한 위치에너지**를 갖게 됩니다. 바닥에 놓인 질량이 1킬로그램인 상자를 1미터만큼 들어 올리면, 이 물체는 얼마큼의 에너지를 가질까요? 물체를 들어 올릴 때는 물체의 무게만큼 힘을 주어야 합니다. 질량 1킬로그램인 물체를 들려면 중력의 크기에 해당하는 9.8뉴턴의 힘이 필요하죠. 1미터만큼 들어 올린다고 했으니, 이 상자를 드는 데 필요한 일의 양은 힘×이동 거리=9.8N×1m=9.8J입니다. 따라서 지면으로부터 1미터 높이에 있는 이 상자는 9.8줄만큼의 에너지를 갖습니다.

높은 곳에 있는 물체는 스스로 올라간 것이 아닙니다. 외부에서 작용하는 힘이 물체를 들어 올리는 일을 해 주었기 때문에 중력에 의한 물체의 위치에너지가 커진 것입니다. 그러면 중력에 의한 위치에너지는 어떤 일을 할 수 있을까요?

높은 곳에 있는 물체가 다른 위치로 이동할 때 위치에너지의 크기를 알 수 있습니다. 예를 들어 폭포수가 떨어지는 곳의 바닥은 움푹 파입니다. 높은 곳에서 떨어지는 물이 바닥의 땅을 파내는 일을 하는 것이죠. 높은 곳에 있을수록 중력에 의한 위치에너지 크기도 커져서, 폭포의 높이가 높을수록 더 깊은 웅덩이가 만들어지게 됩니다.

중력이 작용하는 공간에서 상대적으로 물체가 높이 있을수록 더 큰 중력에 의한 위치에너지를 갖게 됩니다. 앞에서 살펴본 운동에너지는 움직이는 물체가 갖는 에너지라서 움직이는 빠르기를 통해 어떤 일을 할 수 있는지 직관적으로 알 수 있습니다. 하지만 위치에너지는 중력과 같은 힘이 작용하는 계(시스템)에 저장되는 에너지라서, 물체가 놓인 중력장 안에서 높이가 달라질 때만 에너지의 차이를 이해할 수 있죠. 중력에 대해서 물체에 일을 해 주었을 때 증가하는 물체의 위치에너지 크기는 다음과 같이 나타낼 수 있습니다.

중력에 대해 물체에 해 준 일(J) =
물체의 중력에 의한 위치에너지 증가량(J)

물체의 무게(N) × 들어 올린 높이(m)
= 9.8m/s² × 물체의 질량(kg) × 들어 올린 높이(m)

중력에 의한 위치에너지는 물체가 기준점이 되는 위치로부터 높이 차이가 있을 때 갖게 되는 에너지로, 질량 m(kg)인 물체가 기준면으로부터 높이 h(m)에서 갖는 중력에 의한 위치에너지(Ep, potential energy)는 $Ep=9.8mh$와 같습니다. 물체를 기준면으로부터 높이 들어 올리는 일을 해 주면 위치에너지가 증가하고, 떨어뜨리면 물체의 위치에너지가 감소하게 됩니다.

에너지의 전환과 보존

떨어지는 빗방울을 맞고 아픔을 느껴 본 적 있나요? 굵은 빗방울이나 우박을 맞아 본 경험이 있다면 무슨 말인지 짐작할 수 있을 겁니다. 구름이 있는 높은 곳으로부터 낙하한 빗방울이나 얼음덩어리인 우박은 그 크기가 클수록 질량도 커서 지면에 도달했을 때의 충격은 더욱 큽니다. 1킬로그램짜리 벽돌이 3층 높이(약 7m) 정도에서 떨어지면 바닥에 닿는 순간 속력이 약 42km/h에 달하고, 100미터 높이에서 떨어지면 약 160km/h에 이르는 빠르기로 바닥에 충돌합니다. 물건을 떨어뜨리는 위치가 높을수록 빠르게 떨어진다는 건 경험적으로 알고 있을 테지만, 이제는 에너지의 관점에서 살펴봅시다.

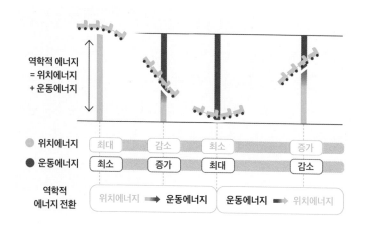

롤러코스터에서의 위치에너지와 운동에너지의 전환과 역학적 에너지 보존

높은 곳에서 출발한 롤러코스터는 중력에 의해 내려가면서 시간이 지날수록 속력이 점점 빨라집니다. 롤러코스터의 높이가

낮아지므로 중력에 의한 위치에너지는 감소하고, 속력이 빨라지므로 운동에너지는 증가합니다. 이 과정에서 감소한 위치에너지는 운동에너지로 전환됩니다. 한편 롤러코스터가 다시 올라가는 동안에는 롤러코스터의 높이가 높아지므로 중력에 의한 위치에너지는 증가하고, 속력이 느려지므로 운동에너지는 감소합니다. ❺ 이처럼 운동하는 물체의 위치에너지와 운동에너지는 서로 바뀔 수 있습니다. 이때 위치에너지와 운동에너지의 합을 **역학적 에너지**라고 합니다.

만약 공기와 모든 저항을 무시한다면 롤러코스터가 올라가는 동안에 증가한 위치에너지와 감소한 운동에너지의 양은 같습니다. 에너지의 형태가 서로 전환하면서 증가량과 감소량이 상쇄되기에 중력에 의한 위치에너지와 운동에너지의 합은 항상 똑같이 보존됩니다. 이를 **역학적 에너지 보존 법칙**이라고 합니다.

역학적 에너지 = 위치에너지 + 운동에너지 (일정)

놀이터의 그네를 탈 때도 역학적 에너지의 전환이 일어납니다. 그네가 최고점에서 내려오면 중력에 의한 위치에너지는 감소하고, 감소한 에너지만큼 운동에너지는 증가합니다. 따라서 최저점에서는 운동에너지가 최대가 됩니다. 한편 최저점을 통과

해 다시 올라가면 운동에너지는 감소하고 위치에너지는 증가하게 됩니다. 마찰이나 공기 저항이 없다면 최고점과 최저점에서의 위치에너지 차이가 최대 운동에너지가 됩니다.

그네를 탈 때 자세를 바꾸면 속력이 더 크게 변하는 걸 경험해 봤을 겁니다. 올라오면서 몸을 세우면 최고점에서 중력에 의한 위치에너지가 증가하고, 최저점에서 몸을 낮추면 가만히 있을 때보다 중력에 의한 위치에너지가 더 감소하기 때문에 운동에너지가 더 많이 증가합니다. 이처럼 역학적 에너지 보존 법칙을 잘 이용하면 놀이기구를 더 재미있게 즐길 수 있습니다.

우리
일상에서는

어떤 에너지를
주로 쓰나요?

30초 예습 퀴즈

열에너지, 전자기에너지, 화학에너지에 대해 얼마나 알고 있는지
OX 문제를 풀어 보세요.

❶ 온도가 다른 두 물체 사이에서 열이 전달되는 방법으로
  전도, 대류, 복사가 있다.   (O , X)

❷ 열효율이 100퍼센트인 열기관을 만들 수 있다.   (O , X)

❸ 벼락의 피해를 막기 위해 건물의 가장 높은 곳에는
  뾰족한 금속 막대를 세운다.   (O , X)

❹ 자석을 코일 근처에서 움직이면 전류가 흐른다.   (O , X)

❺ 생명 활동에 필요한 에너지를 얻는 과정을 호흡이라고 한다. (O , X)

우리는 건강한 삶을 살아가기 위해 음식을 먹고, 이를 통해 에너지를 얻습니다. 여러분은 하루에 얼마나 많은 음식을 먹나요? 물론 나이나 성별, 몸무게에 따라 다르지만 12~14세 남성은 하루에 2,500킬로칼로리, 여성은 2,000킬로칼로리를 섭취하도록 권장하고 있습니다. 하루라도 음식을 먹지 않으면 살아가기 어렵듯, 우리는 에너지를 얻기 위해 살아간다고 해도 과언이 아닙니다.

먼 옛날의 인류는 문명이 발달하기 이전에도 동물을 사냥하거나 열매나 뿌리를 채집해 에너지를 얻었고, 추울 때는 마른 나뭇가지나 낙엽을 모아 불을 태워 에너지를 얻었습니다. 농경과 목축을 시작하면서부터는 자연을 이용하고 개발해 에너지를 생산하고 저장했습니다. 또한 식량을 안정적으로 공급하기 위해 햇빛과 바람과 같은 자연을 이용하는 방법을 찾았죠. 이처럼 인류는 안정적으로 에너지를 얻기 위해 노력해 왔습니다.

과학기술이 발달하면서 에너지를 얻는 방법도 다양해져서, 태양이나 바람, 물이 가진 에너지를 이용하는 것뿐 아니라 땅속에 묻힌 석유와 석탄, 원자력으로도 에너지를 얻을 수 있게 되었습니다. 에너지는 용도와 형태에 따라 다양하게 분류할 수 있습니다. 우리가 사용하는 에너지는 특성에 따라 열에너지, 전기에너지, 화학에너지, 운동에너지, 위치에너지, 원자력에너지 등으로 구분할 수 있습니다.

온도와 열에너지의 이동

우리 몸은 차갑고 따뜻한 것을 명확하게 구분할 수 있을까요? 여기에 온도가 각기 다른 25도, 40도, 55도인 물이 준비되어 있다고 생각해 봅시다. 왼손은 25도의 물에, 오른손은 55도의 물에 충분히 담근 후 두 손을 40도의 물에 동시에 담그면,

왼손은 이 물이 따뜻하다고 느끼고 오른손은 시원하다고 느낍니다. 같은 물인데도 온도가 다르게 느껴지는 이유는 무엇일까요? 사람의 피부는 물체가 닿는 접촉이나 누르는 압력, 차가워지거나 뜨거워지는 자극에 반응하기 때문입니다. 피부 감각은 온도 변화 자극에 반응하기에 같은 온도라도 상대적으로 다르다고 느끼는 것입니다.

따뜻하고 차가운지를 객관적으로 나타내는 것을 **온도**라고 합니다. 온도는 물체의 차고 뜨거운 정도를 숫자로 나타냅니다. 우리가 일상에서 자주 사용하는 섭씨온도라는 개념도 물이 어는 온도를 0도, 물이 끓는 온도를 100도로 정하고, 그 사이를 100등분한 것입니다.

뜨거운 물과 차가운 물은 각각 어떤 특성을 지니고 있을까요? 뜨거운 물과 찬물에 잉크를 한 방울씩 떨어뜨리면, 뜨거운 물에 넣은 잉크는 빨리 퍼지고, 찬물에 넣은 잉크는 천천히 퍼지는 것을 볼 수 있습니다. 뜨거운 물은 입자가 활발하게 움직이고 차가운 물은 입자가 둔하게 움직이기 때문입니다.

물체를 구성하는 입자는 끊임없이 움직이고 있습니다. 물체를 구성하는 입자의 운동이 활발할수록 물체의 온도가 높고, 물체를 구성하는 입자의 운동이 둔할수록 물체의 온도가 낮습니다. 즉 온도는 물체를 구성하는 입자의 운동이 활발한 정도를 나타내는 개념이라고 할 수 있습니다. 온도의 단위로는 섭씨(℃)와 켈빈(K)을 사용합니다.

온도가 다른 두 물체를 섞거나 맞닿으면 온도가 높은 물체에서 온도가 낮은 물체로 열이 이동합니다. 시간이 흐른 후 두 물체의 온도는 같아져서 더는 열이 이동하지 않는 상태가 되는데, 이를 **열평형**이라고 합니다. 온도가 높은 물체는 열을 잃어 입자의 운동이 느려지고, 온도가 낮은 물체는 열을 얻어 입자의 운동이 활발해집니다. 이로 인해 충분한 시간이 지나면, 두 물체의 온도는 같아지게 됩니다.

열은 다양한 방법으로 이동합니다. 예를 들어 겨울철 방안에 보일러를 켜 두면 온수관이 지나는 부분부터 따뜻해집니다. 데워진 부분의 바닥 입자가 활발하게 운동하면서 이웃한 입자에 전달되어 이웃한 입자도 운동이 활발해지는 것이죠. 이때 고체에서 물체를 구성하는 입자의 운동이 이웃한 입자에 차례로 전달되면서 열이 이동하는 현상을 **전도**라고 합니다.

방바닥이 따뜻해지면 방 안의 공기도 데워집니다. 바닥부터 데워진 따뜻한 공기는 위로 올라가고, 찬 공기는 아래로 내려오면서 공기가 순환하게 되고 실내 전체가 따뜻해집니다. 이처럼 액체나 기체 상태의 입자가 직접 이동하면서 열을 전달하는 현상을 **대류**라고 합니다.

전도나 대류와는 달리 열은 다른 물질을 거치지 않고 직접 이동할 수도 있습니다. 물질을 이루는 입자의 운동 없이 열이 직접 이동하는 현상을 **복사**라고 합니다. 햇빛을 받으면 따뜻해지는 까닭도 태양열이 복사의 형태로 지구에 전달되기 때문입니다.

❶ 온도가 다른 두 물체가 접촉해 있으면 전도, 대류, 복사의 방법으로 열이 이동해 열평형에 이르게 됩니다. 그러나 상황에 따라 열이 이동하는 것을 막아야 할 때도 있습니다. 무더운 여름철에 얼린 음료가 녹지 않도록 하거나 겨울에 따뜻한 물을 보온병에 담아 식지 않도록 할 때처럼요.

열의 이동을 막아 주는 보온병의 비밀은 무엇일까요? 먼저 보온병의 안쪽 용기는 유리로 만들고, 안쪽과 바깥쪽 용기 사이에는 공기가 거의 존재하지 않는 진공 상태의 공간을 만들어서 열의 이동을 막습니다. 진공 상태에서는 운동하는 기체 입자가 거의 없으므로 대류에 의한 열의 이동을 막을 수 있고, 안쪽과 바깥쪽 용기에 접근하는 입자가 거의 없으므로 전도로 일어나는 열의 이동도 막을 수 있습니다. 또 보온병의 안쪽과 바깥쪽을 은으로 도금하기도 하는데, 은은 뜨거운 액체에서 나오는 복사 에너지를 반사해 열이 바깥쪽으로 이동하는 것을 막아 주기 때문입니다. 보온병은 전도, 대류, 복사로 일어나는 열의 전달을 다방면으로 막아 온도를 유지하도록 도와줍니다.

열에너지의 이동을 잘 알고 활용하는 또 다른 사례로는 교실이나 집처럼 냉난방 시설을 갖춘 실내를 들 수 있습니다. 사계절이 뚜렷한 우리나라에서는 특히 여름철과 겨울철 열의 이동을 고려한 난방기구를 설치해야 합니다. 여름에는 집 밖의 열이 들어오지 않도록 해야 하고, 겨울에는 집 안의 열이 빠져나가지 않도록 단열을 잘해야 하기 때문입니다.

열기관과 열효율

열에너지를 이용해 일하는 장치를 열기관이라고 합니다. 산업혁명 당시에 석탄을 태워 발생한 열을 이용한 증기기관이나 휘발유를 연소시켜 발생한 열을 이용하는 자동차 같은 내연기관이 대표적인 열기관입니다. 온도가 높은 열원에서 나오는 열은 열기관을 움직이게 하고, 나머지 열은 온도가 낮은 주변부로 방출됩니다.

열기관의 열효율은 고온의 열원에서 흡수한 열에너지에 대해서 얼마큼 일을 할 수 있는지로 결정됩니다. 즉 투입한 에너지 대비 얼마만큼의 일을 할 수 있는지가 중요한 요소입니다. 가전제품을 살 때 에너지 소비 효율 등급을 따지는 까닭은 전기 요금 같은 경제적인 부담이나 환경에 미치는 영향과 연결되어 있기 때문입니다. 열기관의 에너지 효율은 어떤 방법으로 계산할까요?

열기관에 공급한 에너지의 양(Q_1)은 열기관이 한 일의 양(W)과 버려지는 열에너지(Q_2)의 합과 같습니다. 그러므로 열기관의 효율(e)은 열기관이 외부에 한 일과 열기관에 공급한 에너지의 비율과 같고, 퍼센트(%)로 표현할 때는 이 수치에 100을 곱해 나타냅니다.

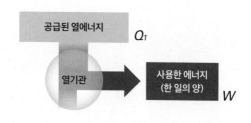

공급된 열에너지 = 열기관이 한 일 + 버려지는 열에너지
$$Q_1 = W + Q_2$$

열효율(e, %) $= \dfrac{W}{Q_1} \times 100 = \dfrac{Q_1 - Q_2}{Q_1} \times 100 = \left(1 - \dfrac{Q_2}{Q_1}\right) \times 100$

열기관에 공급한 에너지의 양 계산

❷ 열기관에서는 항상 버려지는 열이 발생하기 때문에 열효율이 100퍼센트인 열기관은 만들 수 없습니다. 실제로 열기관인 가솔린 기관은 약 20퍼센트 내외의 열효율을, 디젤 기관은 약 35~40퍼센트 정도의 열효율을 보입니다.

비록 열효율이 100퍼센트는 될 수 없지만, 열에너지 전환 효율을 높이기 위한 기술을 발전시키려는 노력은 계속되고 있습니다. 대표적인 첫 번째 사례는 하이브리드 자동차의 개발입니다. 하이브리드 자동차는 화석연료에 의해 작동하는 열기관(엔진)과 전기에너지에 의해 작동하는 전동기(전기모터)를 함께 가지고 있습니다. 배터리 충전은 '회생 제동'이라는 방식으로 이루어집니다. 속도를 줄일 때 브레이크를 밟으면 모터가 발전기로 전환해 전기를 만들어 배터리를 충전하는 방식이죠. 하이브리드 자동차는 기존 내연기관 차량보다 연비가 40퍼센트 이상 높고, 배기가스를 적게 배출합니다. 또 엔진 출력에 모터 출력이 더해져 오르막길을 오를 때처럼 큰 힘이 필요한 구간에서 가속 성능이 높다는 장점이 있습니다.

두 번째는 폐열을 이용한 발전과 난방입니다. 열은 사용하는 동안 온도가 낮아져 재사용되지 못하고 버려지는데, 이를 **폐열**이라고 합니다. 석유를 태워 다른 형태의 에너지로 전환될 때는 대개 실질적으로 사용되는 에너지보다 버려지는 에너지가 더 많다고 합니다. 그래서 버려지는 에너지를 재사용하기 위해 열병합 발전소에서는 전기를 생산하는 과정에서 나오는 폐열을 지역난방에 이용하죠. 쓰레기 소각장에서는 쓰레기를 태울 때 나오는 열을 이용해 주택에 온수를 공급하기도 합니다.

에너지 자원의 총량은 한정되어 있고, 에너지를 이용하려는 사람들의 수요는 크기 때문에 버려지는 열을 줄이고, 에너지를 효율적으로 사용하기 위한 노력은 아주 중요합니다.

전하가 만드는 전기에너지

호박이라는 화석에 대해 들어 본 적 있나요? 호박은 나무에 상처가 났을 때 흘러나오는 끈적한 나뭇진이 굳어져 만들어진 화석입니다. 호박의 표면은 매끄럽고 반짝여서 보석으로 널리 사랑받았습니다. 하지만 호박은 먼지가 잘 달라붙는다는 단점이 있습니다. 보석에서 빛이 나야 하는데 먼지가 자꾸만 달라붙으니, 사람들은 그 이유가 궁금했습니다. 이것의 비밀을 밝힌 사람은 약 2,600년 전 그리스의 철학자 탈레스였습니다. 탈레스는 호박에 여러 물체를 문지르면 먼지뿐 아니라 머리카락, 새의 깃털 등 여러 사물을 끌어당기는 힘이 있다는 것을 알아냈습니다. 정전기의 존재를 발견한 것입니다. 그로부터 약 2,200년이 지난 후, 영국의 물리학자이자 의사였던 윌리엄 길버트는 전기 현상에 처음으로 일렉트릭스(electrics)라는 이름을 붙였습니다. 전기를 뜻하는 영어 '일렉트리시티(electricity)'는 호박을 뜻하는 그리스어 '일렉트론(electron)'에서 유래했습니다.

그렇다면 전기 현상은 왜 일어날까요? 이 질문에 답을 하려면 물질을 이루는 원자의 구조를 알아야 했기에 답을 하기까지 오랜 시간이 걸렸습니다. 원자는 양전하(+)를 띠는 원자핵과 음전하(-)를 띠는 전자로 이루어져 있습니다. 이때, 전하는 전기 현상을 띠는 입자를 의미합니다. 전하는 양전하와 음전하로 나눌 수 있으며, 같은 종류의 전하 사이에는 서로 밀어내는 힘인 척력이 작용해요. 다른 종류의 전하 사이에는 서로 끌어당기는 힘인 인력이 작용합니다. 물체가 띠고 있는 전하의 양을 전하량이라고 하며, 전하로 인해 전기 현상이 생기게 됩니다.

물질을 이루는 원자의 종류에 따라 원자를 구성하는 원자핵의 양전하량이 다르고, 전자의 개수도 다릅니다. 하지만 하나의 원자 내에서는 원자핵의 양전하량과 전자들의 음전하량이 같아서 원자는 전기적으로 중성 상태입니다. 평소에는 양전하량과 음전하량이 같아서 전체적으로 전기를 띠지 않는 것이죠.

하지만 두 물체를 마찰시키면 한 물체에서 다른 물체로 전자가 이동하면서 중성 상태가 깨지게 됩니다. 이때 한 물체는 전자가 부족해지고, 다른 물체는 전자가 많아져서 두 물체는 서로 다른 전기를 띠게 되는 것이죠. 전자를 잃은 물체는 양전하로 대전되고, 전자를 얻은 물체는 음전하로 대전됩니다.

양전하를 띠는 물체와 음전하를 띤 물체 사이에는 정전기적으로 당기는 힘인 인력이 작용합니다. 일반적인 공기 중에서는 기체 사이에 전기가 거의 통하지 않지만, 대전된 물체의 전하량이 커지면 두 물체 사이에는 강한 전기장이 만들어지고, 이로 인해 공기 중에 전류가 흐르기도 합니다. 이러한 현상을 **방전**이라고 하는데, 순간적인 불꽃을 볼 수도 있습니다. 그리스 신화의 제우스나 북유럽 신화의 토르는 가장 힘이 센 신으로 등장합니다. 두 신 모두 번개를 잘 다루는 능력이 있다는 것을 생각해 보면 번개가 사람들에게 얼마나 두려움의 대상이었는지 알 수 있습니다. 번개가 전기 현상이라는 것이 알려지기 전까지는 힘이 센 신만이 다룰 수 있다고 여겨진 것이죠.

번개가 전기 현상이라는 것을 알아낸 이는 미국 건국의 아버지라 불리는 벤저민 프랭클린입니다. 그는 아들과 함께 직접 만든 연을 날리는 실험을 해서 이를 알아냈습니다. 비가 올 것처럼 흐린 날, 연의 위쪽 끝에 날카로운 쇠 철사를 매달고 반대쪽 끝에는 구리 열쇠를 매달아 하늘로 띄웠습니다. 처음에는 아무런 반응이 없어 포기하려 했지만, 이내 연줄의 보푸라기들이 갑자기 일어서는 모습을 보고는 자신의 손을 구리 열쇠에 갖다 댔습니다. 그러자 열쇠에서 픽하고 불꽃이 일어났습니다. 그 순간 그는 강한 충격을 받았습니다. 하지만 아프다기보다는 번개가 구름 속에서 생기는 전기 현상임을 증명해 매우 기뻤다고 하네요.

전기 현상은 순간적인 불꽃을 만들어 낼 만큼의 큰 에너지를 갖고 있습니다. 때론 사람들의 생명을 앗아가고 건물을 불태울 만큼 위험하기 때문에 프랭클린은 ❸ 전기가 잘 통하는 금속제 막대로 번개에서 나오는 전기를 땅으로 흘려보내면 번개로 인한 피해를 막을 수 있겠다는 피뢰침 아이디어를 떠올리게 됩니다. 지금까지도 건물마다 피뢰침이 설치되어 있죠.

전기 현상이 그저 순간적으로 발생하고 사라지는 현상이라고 여기는 사람들도 있었지만, 이를 저장할 수만 있다면 다른 형태로 이용할 수 있겠다고 생각한 사람들도 있었습니다. 그래서 전기를 모으기 위해 여러 시도를 했습니다. 1745년 독일의 물리학자 하인리히 폰 클라이스트는 병에 물을 담그고 코르크로 입구를 막은 후, 물에 닿을 만큼 긴 못을 마개에 꽂아서 물속에 전기를 흘려보내 전기를 모았습니다. 전기를 물에 모을 수 있다고 생각했던 것이죠. 그로부터 1년 후 네덜란드의 피터

르 판 뮈스헨부르크는 전기를 물에 넣을 때 병의 옆면을 손으로 잡고 있어야 전기가 모인다는 사실을 알아냈고, 물을 꼭 채우지 않아도 된다는 사실도 알아냈습니다. 그 후 여러 실험을 통해 라이덴병이라고 불리는 최초의 축전기(콘덴서)를 만들었습니다. 이렇게 만들어진 라이덴병을 이용해 당시 프랑스에서는 많은 사람을 한꺼번에 감전시켜 깜짝 놀라게 하는 일이 유행하기도 했습니다. 프랑스 왕 루이 15세는 근위병 180명의 손을 서로 잡게 한 뒤 동시에 감전시킨 후 깜짝 놀라 자빠지는 병사들의 모습을 보면서 즐거워했다고 전해집니다.

정전기에 의해 방전이 일어날 때 발생한 전압이 3,000볼트면 손끝에 침이 찔린 것 같은 가벼운 통증이 느껴지고, 5,000볼트면 손바닥에서 팔꿈치까지 통증이 오고 손끝에서 불꽃을 볼 수도 있습니다. 정전기는 전압이 높지만, 전류가 거의 흐르지 않기 때문에 인체에 크게 위험하지는 않습니다.

오늘날의 전기 현상은 작은 병에 전기를 저장해 순간적인 방전으로 사람들에게 잠깐의 즐거움을 주는 수준을 넘어섰습니다. 각 가정에는 콘센트가 연결되어 있어서 전자제품이 작동하도록 해 줍니다. 낮과 밤의 구분 없이 공간을 밝히는 조명, 열기를 식혀 주는 선풍기와 에어컨, 요리할 수 있도록 열을 내는 전기 레인지, 전기 자동차 등 전기에너지를 사용하지 않고서는 하루가 굴러가지 않을 만큼 활용 범위가 넓어졌습니다. 또 전기에 대한 사람들의 수요가 늘어난 만큼 전기를 대량생산하고 공급하며 저장해 두는 일이 더욱 중요해졌습니다. 전기를 대량으로 생산하는 과정을 이해하려면 전기와 비슷하면서도 다른 '자기 현상'을 알아야 합니다.

자석이 만드는 자기에너지

먼 옛날부터 전기 현상을 알고 있었듯이 자기 현상도 널리 알려져 있었습니다. 자석이 주위의 철과 같은 금속을 당기는 것도 자기 현상 가운데 하나입니다. 자기력이 작용하는 공간인 자기장은 눈에 보이지 않습니다. 그러나 자석 주위에 뿌린 철가루의 배열을 보면 그 모습을 확인할 수 있습니다. 또한 자기장의 방향은 자석 주위에 나침반을 두어 보면 알 수 있습니다. 자침의 N극이 가리키는 쪽이 바로 자기장의 방향이랍니다.

나침반의 N극은 항상 지구의 북쪽을 가리킵니다. 지구는 하나의 커다란 자석과 같아서 나침반 바늘의 방향은 일정한 방향으로 나란히 정렬됩니다. 자석에는 N극과 S극이 있습니다. 같은 종류의 극 사이에는 서로 밀어내는 힘인 척력이 작용하고,

다른 종류의 극 사이에는 서로 당기는 힘인 인력이 작용합니다. 지구가 커다란 자석이라면 지구의 북쪽은 자석의 S극에 해당합니다. 그래서 나침반의 N극이 북쪽을 향하는 것이죠.

사람들은 오랫동안 전기와 자기가 서로 관련 없다고 생각했습니다. 덴마크 과학자 한스 외르스테드가 전류가 흐르는 도선 주위에 나침반 바늘이 움직이는 것을 발견하기 전까지는요. 자석 주위에 나침반을 가까이할 때 나침반 자침이 움직이는 것처럼, 전류가 흐르는 도선 주위에 나침반을 가까이 가져가면 자침이 움직입니다. 도선에 전류가 흐르면 주변에 자기장이 형성되는 것이죠.

두 자석 사이에 작용하는 인력과 척력처럼 자석 주위에 생기는 자기장과 전류가 흐르는 도선 주위의 자기장은 서로 상호작용하며 힘을 주고받게 됩니다. 76쪽 그림(1)처럼 말굽자석이 만드는 자기장 속에 전류가 흐르는 도선을 두면, 도선은 전류와 자기장의 방향에 각각 수직인 방향으로 힘을 받게 됩니다. 오른손을 펴서 네 손가락의 방향을 자기장의 방향과 일치시키고, 엄지손가락을 전류의 방향과 일치시키면 손바닥이 향하는 방향이 도선이 받는 힘의 방향이 됩니다.

자기장에서 전류가 흐르는 도선이 받는 힘을 이용한 장치로는 전동기, 즉 전기 모터가 있습니다. 전동기는 그림(2)처럼 영

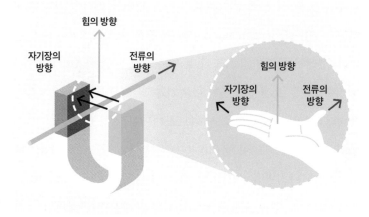

(1) 전류가 흐르는 직선 도선이 자기장 속에서 받는 힘의 방향

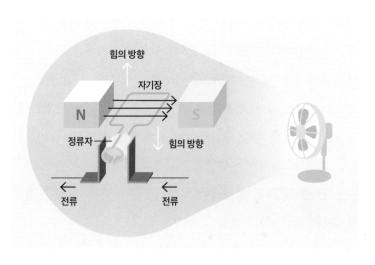

(2) 전동기의 구조와 원리

구 자석으로 외부 자기장을 만들고, 그 안에 사각형의 코일이 회전하도록 만든 장치입니다. 전동기의 코일에 전류가 흐를 때 코일의 왼쪽 부분과 오른쪽 부분에 흐르는 전류의 방향은 서로 반대가 되고, 각 부분이 받는 힘의 방향도 반대가 되어 코일이 회전하게 됩니다.

이때 자기장이 셀수록, 코일이 많이 감겨 있을수록, 코일에 흐르는 전류의 세기가 셀수록 전동기의 회전 속도가 빠르게 변합니다. 선풍기, 청소기, 세탁기처럼 모터가 돌아가며 일을 하는 장치 안에는 전동기가 들어 있습니다. 실제로 우리가 사용하는 전자제품의 전동기에는 코일이 한 번만 감겨 있는 경우는 거의 없고, 전동기가 잘 회전하도록 코일을 여러 번 감거나 다양한 각도로 감아서 사용합니다.

영구 자석으로 만드는 전기에너지

외르스테드가 전류가 흐르는 도선 주위에 자기장이 형성된다는 것을 발견한 후 마이클 패러데이는 이 현상과는 반대로 변화하는 자기장으로부터 전류를 발생시키는 전자기 유도 현상을 발견했습니다. ❹ 전자기 유도 현상은 코일 근처에서 자석을

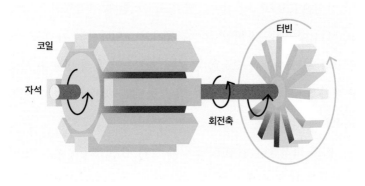

코일

자석

터빈

회전축

발전소의 발전기 구조

움직이거나 자석 근처에서 코일을 움직일 때 코일에 전류가 흐르는 것을 말합니다. 이때 코일에 흐르는 전류를 **유도 전류**라고 하며, 코일을 통과하는 자기장의 변화를 방해하는 방향으로 흐릅니다. 패러데이는 자석을 이용해 전기를 만드는 방법을 밝혀냄으로써 현대 전기 산업의 기초인 발전기를 만들어 내는 위대한 업적을 이룩하게 되었습니다.

발전기는 전자기 유도를 이용해 운동에너지와 같은 역학적 에너지를 전기에너지로 전환하는 장치입니다. 앞서 다룬 전동기와 매우 유사한 구조로 이루어져 있죠. 발전기의 자석 사이에서 코일이 회전할 때, 코일을 통과하는 자기장은 시간에 따라 변화해요. 발전기는 이 과정에서 흐르는 유도 전류가 외부로 이동할 수 있도록 합니다.

발전기가 작동하려면 자석이나 코일이 회전 운동을 해야 합니다. 일반적으로 발전소의 발전기는 터빈과 자석이 연결되어 있습니다. 터빈이 회전하면서 자석도 회전 운동을 하게 되고 코일에 유도 전류를 만들게 됩니다. 터빈은 수많은 날개가 달린 모양으로 회전하는데, 터빈의 날개는 물, 바람 등과 같은 기체나 액체에 의해 회전하게 됩니다.

터빈을 회전시키는 방식에 따라 발전의 종류가 달라집니다. 첫 번째 발전 방식은 화력 발전입니다. 석유, 석탄, 천연가스와 같은 화석연료를 태울 때 발생하는 열에너지로 물을 끓이고, 이때 나오는 증기로 터빈을 돌려 발전기에서 전기에너지를 얻는 방식입니다. 두 번째 발전 방식은 핵 발전이에요. 우라늄, 플루토늄과 같은 핵연료를 이용해 핵분열을 일으켜 얻은 열에너지로 물을 끓이고, 이때 나오는 증기로 터빈을 돌려 발전기에서 전기에너지를 얻는 방식입니다. 세 번째는 물의 낙차를 이용해 터빈을 돌려 발전기에서 전기에너지를 얻는 수력 발전입니다. 터빈을 돌리는 에너지원은 모두 다르지만, 전자기 유도를 이용해 전기에너지를 생산한다는 공통점이 있습니다.

손난로는 겨울철 야외활동을 할 때 빼놓을 수 없는 아이템입니다. 뜨겁게 가열해 주는 불이 있는 것도 아닌데 손난로는 어떻게 따뜻해지는 걸까요? 우리가 자주 사용하는 고체형 손난로 주머니에는 쇳가루와 탄소 가루, 염화나트륨 등이 들어 있습니다. 이 손난로를 흔들면 쇳가루가 공기 중의 산소와 반응해 산화되는데, 이때 열이 발생하게 됩니다. 즉 탄소와 염화나트륨이 발열 반응을 일으키는 것이죠.

화학에너지는 원자나 분자 들이 상호작용하면서 화학 변화를 일으킬 때 발생하는 에너지를 의미합니다. 화학에너지는 인류가 가장 오랫동안 사용해 왔고, 현재도 가장 많이 사용하고 있는 에너지입니다. 나무나 기름, 석탄, 석유 같은 연료가 불에 붙으면 공기 중의 산소와 반응해 타오르는데, 그러면 연료에 저장되어 있던 화학에너지가 열에너지나 빛에너지 등으로 형태가 바뀝니다. 이때 발생하는 열을 이용해 전기를 생산해 낼 수 있습니다. 이것이 앞서 설명한 화력 발전이에요.

이처럼 **화합물의 연소**를 통해 열에너지를 생산할 수도 있지만, 화학 반응을 통해 전기에너지를 생산할 수도 있습니다. 전지 또는 배터리는 화합물의 화학 반응을 통해 전기를 발생시킵니다. 스마트폰에 사용되는 리튬배터리는 리튬과 코발트의 화학 반응으로 전기에너지를 생산합니다.

생명체 내에서도 생명 활동에 필요한 물질을 만들고 에너지를 얻는 화학 반응이 끊임없이 일어납니다. 생명체 내에서 일어나는 모든 화학 반응을 **물질대사**라고 합니다. 식물에서 일어나는 대표적인 물질대사는 광합성과 호흡입니다. 광합성은 엽록체에서 빛에너지를 이용해 물과 이산화 탄소를 포도당과 같은 화학에너지로 전환해 에너지를 저장하는 **동화 작용**입니다. 한편, ❺ 호흡은 세포질과 미토콘드리아에서 포도당을 산소와 반응시켜 생명 활동에 필요한 에너지를 얻는 **이화 작용**입니다.

우리 몸은 수면, 운동, 공부 등 상황에 따라 소모되는 에너지가 다르므로 에너지를 ATP라는 화합물 형태로 저장해 둡니다. 에너지가 필요할 때가 되면 화학 결합되어 있던 ATP가 분해되면서 방출시키는 에너지를 사용합니다. 활동적인 세포는 초당 수백만 개의 ATP 분자가 필요합니다. ATP의 합성과 분해는 하루에 수천 번씩 일어나며, 운동 중인 근육 세포는 1분 이내에 전체 ATP를 모두 재순환시킵니다. 세포 호흡의 에너지 효율은 약 34퍼센트입니다. 나머지 66퍼센트는 열에너지로 방출되며, 체온 유지에 쓰이게 됩니다.

세포 호흡과 연소는 물질이 산소와 반응해 에너지를 방출하는 현상으로, 최종 산물이 물과 이산화 탄소라는 공통점이 있습니다. 연소할 때는 한꺼번에 많은 양의 열과 빛이 방출되는데, 생명체 내에서 연소 반응처럼 에너지가 발생한다면 어떻게 될까요? 신체 내부가 전부 타 버릴 수도 있습니다. 그래서 생물체 내에서 일어나는 세포 호흡은 효소의 도움을 받아 연소보다 낮은 온도에서도 화학에너지를 방출하도록 반응 속도를 느리게 조절합니다.

배운 내용을 찬찬히 떠올리며 아래 빈칸을 채워 보세요.

온도가 다른 두 물체가 접촉해 있으면 열은 온도가 높은 물체에서 낮은 물체로 이동해 온도가 더는 변하지 않고 열이 이동하지 않는 ❶(   )에 도달한다. 열기관에서 항상 버려지는 열이 발생하기 때문에 열효율이 ❷(   )퍼센트인 열기관은 만들 수 없다. 전기 현상은 전하로 인해 나타나며, 움직이는 전하(전류) 주위에는 ❸(   )이 형성된다. 코일 주위에서 움직이는 자석은 ❹(   )를 만드는데, 이 원리를 이용해 발전기를 만들 수 있다. 물질을 이루는 입자의 결합 사이에 저장된 에너지를 ❺(   )라고 하며, 화학 반응을 통해 에너지를 흡수하거나 방출한다.

정답 ❶ 열평형 ❷ 100 ❸ 자기장 ❹ 유도 전류 ❺ 화학 에너지

4

지구에서 에너지는

어떻게 순환하나요?

30초 예습 퀴즈

지구 환경에 대해 얼마나 알고 있는지 OX 문제를 풀어 보세요.

❶ 지구를 이루면서 서로 영향을 주고받는
요소들의 집합을 지구계라고 한다. (O , X)

❷ 지구계는 크게 지권, 수권, 기권, 생물권으로 구분할 수 있다. (O , X)

❸ 지구계의 에너지원 중 태양에너지는 가장 많은 양을 차지한다. (O , X)

❹ 지구의 모든 지역에 도달하는 태양에너지양은 같다. (O , X)

❺ 태풍은 우리 생활에 많은 피해를 주기 때문에
전혀 발생하지 않는 것이 좋다. (O , X)

북반구의 여름(6~8월)은 덥고 겨울(12~2월)은 춥습니다. 그런데 1816년 미국 보스턴에 이상한 일이 벌어졌습니다. 7월 초에 영하 18도까지 내려가고, 7월 평균기온이 2.5도였던 것입니다. 또 그해 8월에는 영국 템스강이 꽁꽁 얼어서 그 위로 마차까지 지나다닐 정도였다고 하네요. 도대체 왜 그런 일이 일어났던 걸까요?

바로 1815년 4월 인도네시아 탐보라 화산의 대규모 폭발 때문이었습니다. 화산재가 너무 많이 분출되어 하늘을 뿌옇게 뒤덮었고, 햇빛이 차단되었기 때문입니다. 그리고 이듬해 여름, 유럽에

눈과 서리가 내리는 이상 기후가 일어났습니다. 극심한 기온 하강으로 농작물이 큰 피해를 본 것은 두말할 필요 없죠. 유럽과 북아메리카의 1816년은 '여름이 없던 해'로 기록되었습니다.

그런데 화산 폭발은 1815년에 일어났는데 그 영향은 왜 1816년에 나타났을까요? 화산 폭발 때문에 많은 에어로졸이 대기 중에 떠다니면 태양에너지의 반사율을 높여 기후변화에도 큰 영향을 줍니다. 에어로졸이란 황산염, 질산염, 황사 입자처럼 매우 작아 눈으로는 보기 힘든 미세먼지입니다. 미세한 화산재는 지상으로부터 10킬로미터인 대류권을 벗어나 성층권까지 상승하기도 하며 대기 중에 2~3년간 머물러 있을 수도 있습니다.

20세기 들어 두 번째로 큰 규모의 화산 폭발은 1991년 필리핀에서 발생한 피나투보 화산 폭발입니다. 이 폭발로 화산재 구름이 35킬로미터 상공까지 치솟았고 5세제곱킬로미터에 달하는 용암이 쏟아져 나와 10킬로미터 이상 흘러 나갔다고 합니다. 분출된 화산재는 아프리카 동부 해안까지 퍼졌고요. 대기 중으로 올라간 화산재는 햇빛을 차단해 이듬해 6월까지 지구의 평균기온을 0.5도나 떨어뜨렸습니다. 이렇게 화산 폭발로 인해 지구의 기온이 낮아지는 현상을 가리켜 **피나투보 효과**라고 합니다.

당시 필리핀에는 피나투보 화산 폭발에 더해 태풍까지 이어져 피해 규모는 더 커졌습니다. 화산재와 대기 중 습기가 만나 지표면으로 떨어지면서 가옥들이 무너져 900여 명이 죽었고, 이재민도 25만 명이나 생겼습니다.

이처럼 지구에는 많은 변화가 일어나고 있고 이 변화들은 우리 생활에 직간접적으로 많은 영향을 끼치고 있습니다. 그리고 이러한 변화의 중심에는 에너지가 있습니다.

지구계를 구성하는 다섯 가지 요소

우주에서 본 지구는 푸른색과 흰색, 갈색입니다. 특히 푸른색이 눈에 많이 들어오죠? 맞아요. 푸른색은 지구 표면의 약 70퍼센트를 차지하고 있는 바다의 모습입니다. 그럼 흰색과 갈색은요? 흰색은 구름, 갈색은 땅이에요.

그렇다면 지구를 구성하는 요소들은 무엇이 있을까요?

물, 공기, 땅, 그리고 이 환경 안에 사람을 비롯한 수많은 생물이 살아가고 있습니다. 앞에서 말한 화산 폭발 사례에서 볼 수 있듯이 각각의 구성 요소들은 서로 영향을 주고받습니다. 이처럼 거대한 전체 안에서 서로 영향을 주고받는 구성 요소들의 집합을 계(系) 또는 시스템(system)이라고 합니다. 따라서 ❶ 지구를 이루면서 서로 영향을 주고받는 요소들의 집합을 지구계라고 합니다. ❷ 지구계는 크게 지권(땅), 수권(물), 기권(공기), 생물권(생물), 외권(우주)으로 구성되어 있습니다.

이제 지구계 구성 요소의 특징을 살펴볼까요?

1. 지권

지권은 쉽게 말하면 땅입니다. 우리가 사는 지표와 지구 내부로 나누어 생각할 수 있습니다. 지권은 수권이나 기권보다 부피가 큽니다. 지구 내부는 크게 지각, 맨틀, 핵으로 구분합니다. 셋 중에 가장 바깥에 있는 지각의 밀도가 가장 낮고, 다음은 맨틀이 밀도가 낮으며 핵의 밀도가 가장 높습니다.

지각은 대륙 지각과 해양 지각으로 구분되며, 상부 맨틀의 일부를 포함해 암석권을 이룹니다. 암석권은 지표로부터 지각을 포함한 깊이 약 100킬로미터까지의 단단한 암석층으로, 판이라고도 합니다. 이 암석권은 여러 개의 판으로 나뉩니다. 맨틀 물질은 부분적으로 녹아서 풀어져 대류가 일어나는 연약권 위에 떠서 이동합니다. **맨틀의 대류 운동**으로 지구 깊은 곳에 있는 물질과 에너지가 지표까지 운반되죠.

핵은 주로 철과 니켈로 구성되어 있으며, 중심 온도는 6,000도 정도로 태양의 표면만큼 뜨겁습니다. 내핵은 높은 압력으로 인해 금속이 압축된 고체 상태이고, 외핵은 금속이 녹은 액체 상태입니다. 외핵에서 **전기 전도율**이 높은 철과 니켈의 운동이 지구 자기장을 형성합니다. 전류가 흐르는 도선 주위에 자기장이 형성되는 것처럼 말이죠.

2. 수권

수권은 지구에 분포하는 물입니다. 수권 대부분을 차지하는 것은 해수고, 그 밖에 빙하, 호수, 하천수, 지하수 등이 있습니다. 해수는 깊이에 따라 온도가 다른데, 혼합층, 수온약층, 심해층으로 구분됩니다.

1) 혼합층

해수면 부근에서는 바다가 받는 태양에너지가 대부분 흡수되어 수온이 높습니다. 그리고 바람이 해수를 섞어서 수온이 거의 일정해요. 해수면의 이런 층을 혼합층이라고 합니다. 바람이 해수를 섞으니 혼합층이라고 생각하면 쉽게 기억할 수 있을 겁니다.

2) 수온약층

혼합층과 심해층 사이에는 수온이 급격히 낮아지는 구간이 있습니다. 수심이 깊어질수록 들어오는 태양에너지의 양이 줄어들어서 수온이 낮아지는 구간을 수온약층이라고 합니다.

3) 심해층

이름 그대로 깊은 바닷속까지는 태양에너지가 거의 도달하지 못해 수온이 매우 낮고 온도 변화가 거의 없는 층이 있습니다. 이 층을 심해층이라고 합니다.

3. 기권

기권은 지구를 둘러싸고 있는 대기를 말합니다. 이산화 탄소, 메테인, 수증기 같은 기체는 온실 효과를 일으켜 적절한 기온을 유지시킵니다. 덕분에 기권은 생명체가 살 수 있는 환경이 됩니다. 지구의 대기는 지표에서 약 1,000킬로미터 높이까지 분포합니다. 지구 중력의 영향으로 대기는 99퍼센트가 지상으로부터 약 30킬로미터에 집중되어 있으며, 높이 올라갈수록 급격하게 엷어집니다. 기권은 기온의 연직 분포에 따라 대류권, 성층권, 중간권, 열권으로 구분합니다.

대류권은 지표에서 높이 약 11킬로미터까지로, 전체 대기 질량의 약 80퍼센트가 분포합니다. 태양열을 받아 지표면이 뜨거워져서 온도가 높고 지표면에서 멀어질수록 기온이 떨어져 온도 차이가 납니다. 이로 인해 대류 작용이 활발하며 수증기가 있어 기상 현상이 일어납니다.

성층권은 오존층이 태양으로부터 들어오는 자외선을 흡수하기 때문에 고도가 높을수록 기온이 상승합니다. 성층권의 오존은 태양으로부터 오는 자외선을 흡수해 생물체를 보호해 줍니다.

중간권에서는 높이 올라갈수록 기온이 상승하므로 대류 작용이 일어나지만, 수증기가 거의 없어서 기상 현상은 일어나지 않습니다.

열권은 대기가 매우 희박하므로 낮과 밤의 기온 차가 매우 큽니다. 고도가 높아질수록 기온이 상승하며, 이곳에는 대기 중의 기체가 이온화된 상태로 존재하는 전리층이 있습니다. 전리층은 전파를 반사하거나 흡수하기 때문에 전파 통신에 이용됩니다. 태양으로부터 지구로 들어오는 대전 입자들은 지구의 자기장 때문에 기권으로 끌려와 열권에 있는 전리된 입자와 충돌해 빛을 내는 오로라를 만들어 냅니다.

4. 생물권

생물권은 지구에 사는 모든 생명체를 말합니다. 유기물을 만드는 생산자와 이를 소비하는 소비자, 생물의 사체나 배설물을 분해해서 무기 환경으로 돌려주는 분해자로 구성되어 있습니다. 바다에서 생명체는 태양 빛이 비치는 해수면 부근에 집중

분포해요. 동물들은 대부분 지표면에서 살고 있는데, 해발 1킬로미터 이내를 날아다니거나 수 미터 이내의 지하에서 주로 살고 있습니다. 식물들은 지표면 부근에서 토양 속으로 수 미터 뿌리를 내리고 살아갑니다. 지구가 생성된 이후 지구 환경은 계속 바뀌어 왔으며, 그 과정에서 생물은 수륙 분포, 기후, 대기 성분 같은 변화에 따른 새로운 환경에 적응해 왔습니다. 또 생물은 지구 환경을 변화시키고 조정하는 역할을 하기도 합니다.

5. 외권

외권은 지구 에너지의 근원인 태양, 조석 현상을 일으키는 달, 밤하늘을 수놓는 별, 별똥별이라 불리는 유성 등 기권 밖의 우주 공간을 말합니다.

자연 현상을 일으키는 근원 에너지

바람이 불고, 식물이 광합성을 하고, 기온이 일정하며, 액체 상태의 물이 있어 생명체는 살아갈 수 있습니다. 이것들은 모두 무슨 에너지와 관련이 있을까요? 그렇습니다. 바로 태양에너지 입니다.

태양에너지는 태양으로부터 복사의 형태로 이동해 온 에너지로 지구계 에너지원 가운데 가장 많은 양을 차지합니다. 지표의 침식, 바람, 해류, 식물의 성장 등과 같은 지구계에서 일어나는 대부분의 자연 현상을 일으키는 근원 에너지입니다.

❸ 지구계의 에너지원과 에너지양의 상대적 비율은 태양에너지가 99.985퍼센트이며, 지구 내부 에너지는 0.013퍼센트, 조력에너지는 0.002퍼센트입니다. 태양에너지가 지구계 에너지원의 거의 대부분을 차지하지만 지구 내부 에너지와 조력에너지가 지구계에 미치는 영향도 적지 않습니다.

지구 내부 에너지는 지각과 맨틀 속에 포함된 방사성 원소가 붕괴할 때 발생한 열과 지구 형성 과정에서 생성된 열 등이 있습니다. 지구 내부 에너지는 대륙들을 움직이게 해서 새로운 해양 지각이나 습곡 산맥을 만들어 내며, 지구 내부 에너지가 폭발적으로 분출해 화산 활동이나 지진이 일어나기도 합니다. 그로 인해 지권이 파괴되거나 지진 해일도 일어나고요. 때로는 그 충격으로 지구의 자전축이 흔들리기까지 합니다. 이처럼 지구 내부 에너지로 인해 발생하는 자연 현상은 생물권과 수권, 기권에 다양한 영향을 줍니다.

조력에너지는 지구에 지대한 영향을 주는 태양과 지구에 가장 가까운 천체인 달이 지구에 미치는 만유인력에 의해 해수의 썰물과 밀물이 일어나게 하는 에너지입니다. 태양에너지나 지구 내부 에너지만큼 크진 않지만, 침식과 퇴적 작용을 일으켜 해안 지형을 변화시키고, 해양 생태계에 영향을 줍니다.

피나투보 효과의 원리

피나투보 효과의 원리를 더 자세히 알아볼까요? 먼저 이 물음에 대답하기 전에 지구의 연평균 기온이 어떻게 유지되는지 살펴봅시다. 지구의 연평균 기온은 약 15도로 거의 일정하게 유지되어 왔습니다. 어떻게 그럴 수 있는지 알아봅시다.

지구가 태양으로부터 매일 에너지를 받고 있음에도 연평균 기온이 일정하다는 것은 지구가 흡수한 에너지와 방출한 에너지가 같다는 말입니다. 지구가 에너지를 받은 만큼 방출하고 있다는 이야기인 셈이죠. 즉 지구로 흡수되는 태양복사 에너지와 방출하는 지구복사 에너지의 양이 같아서 연평균 기온이 일정하게 유지됩니다. 이처럼 흡수되는 복사 에너지와 방출되는 복사 에너지의 양이 같아서 온도가 일정하게 유지되는 상태를 **복사평형**이라고 합니다.

지구로 들어오는 태양복사 에너지를 100이라고 하면, 약

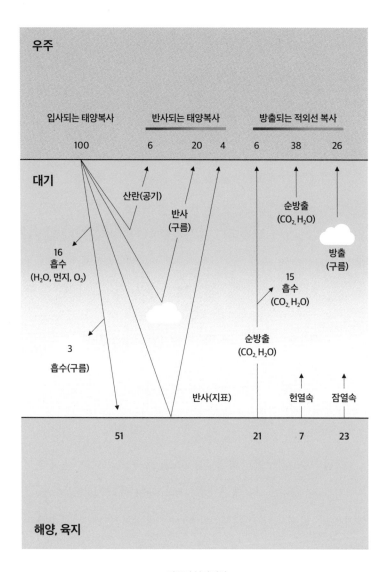

30은 대기와 지표에서 반사되어 우주로 나가고 51은 지표에, 19는 대기에 흡수됩니다. 태양복사 에너지의 70을 지구가 흡수하는 셈이죠. 지표에서 방출된 지구복사 에너지 70 가운데 6 정도만 우주로 바로 방출되고 대부분은 대기에 흡수됩니다. 흡수된 에너지는 다시 대기를 데우고 우주와 지표로 방출되죠. 대기에서 우주로 방출되는 에너지와 지표가 직접 방출하는 에너지를 합하면 70이 됩니다. 지구의 입장에서 에너지 70을 흡수해서 70을 방출하니 복사평형을 이루어 온도가 일정하게 유지되는 것입니다.

입사된 태양복사 에너지(100) =
지구가 흡수하는 에너지(70) + 반사되는 태양복사 에너지(30)

지구가 흡수하는 에너지(70) =
지표에서 직접 방출되는 에너지(6) + 대기에서 방출되는 에너지(64)

그럼 이제 지구온난화와 피나투보 효과를 비교해 봅시다.

지구온난화는 지표에 도달한 태양복사 에너지는 같아도 온실가스로 인해 지표면에서 방출되는 에너지의 대기 흡수량이 많아져서 지구가 높은 온도에서 복사평형을 이루게 되는 현상을 말합니다.

한편 피나투보 효과는 화산 폭발로 분출된 화산재가 햇빛을 차단해 태양복사 에너지가 지표에 도달하는 것을 막는 현상입니다. 화산재 때문에 지표에 흡수되는 태양복사 에너지의 양이 현저하게 줄어들게 되죠. 그 결과 지표가 방출하는 복사 에너지의 양도 줄어들고, 대기가 흡수할 수 있는 에너지의 양도 줄어듭니다. 그래서 지구는 낮은 온도에서 복사평형을 이루게 됩니다.

지구계의 에너지 흐름

다음과 같은 상황을 상상해 봅시다. 과녁을 향해 동시에 평행하게 날아오는 화살 5개가 있다고 합시다. 그런데 똑같은 면적의 동일 과녁이 다른 각도로 서 있는 거예요. 하나는 화살이 날아오는 방향과 수직으로, 하나는 비스듬히, 나머지 하나는 평행하게 과녁이 서 있습니다. 과녁이 수직일 때 과녁에 맞는 화살이 가장 많을 테고, 비스듬히 서 있는 경우는 중간, 평행하게 있는 경우는 가장 적을 겁니다.

지구는 구에 가깝습니다. 과녁의 각도가 다르듯, 지구 지표면과 지구를 향해 들어오는 태양복사 광선이 이루는 각은 위도에 따라 다릅니다. 즉 지표면(과녁)에 도달하는 태양복사 에너지(화살)의 양이 다른 것입니다. ❹ 지구 전체를 하나로 보면 복사평형이 되지만, 지구가 흡수하는 태양복사 에너지의 양과 방출하는 지구복사 에너지의 양은 위도마다 다릅니다. 적도를 비롯한 주변의 저위도 지역은 단위 면적당 흡수하는 태양복사 에너지양이 방출하는 지구복사 에너지양보다 많습니다. 반대로 극지방을 비롯한 주변의 고위도 지역은 단위 면적당 흡수하는 태양복사 에너지양이 방출하는 지구복사 에너지양보다 적습니다. 그러면 저위도 지역은 남아도는 에너지 때문에 온도가 끝없이 올라가고, 고위도 지역은 에너지가 부족해 계속 온도가 내려갈 겁니다. 하지만 지구에서 실제로 이런 일은 일어나지 않습니다. 유지되는 온도는 다르더라도 저위도 지역이나 고위도 지역 각각의 평균기온은 거의 일정합니다. 저위도 지역의 남아도는 과잉 에너지를 고위도 지역으로 잘 운반하기 때문이죠. 이렇게 에너지를 순환하도록 하는 역할은 공기와 물이 맡고 있습니다.

저위도 지역은 온도가 높고, 고위도 지역은 온도가 낮습니다. 이에 따라 저위도 지역의 대기에는 상승기류가 형성되고 고위도 지역에는 하강기류가 형성되어 큰 규모의 **대기대순환**이 발생하게 됩니다. 지구는 적도를 중심으로 북반구와 남반구가 대칭을 이루고 있으니 2개의 대순환이 형성되리라 생각할 수 있습니다. 하지만 실제 지구에서는 자전의 영향으로 북반구와 남반구에 각각 3개의 순환이 형성됩니다. 이렇게 해들리 순환, 페럴 순환, 극순환이 형성되고, 이로 인해 북반구의 지표에는 북동무역풍, 편서풍, 극동풍이 불게 됩니다.

대기대순환으로 인해 계속해서 바람이 불면 바다 표층의 물은 바람을 따라 이동합니다. 이렇게 바다에서 일정한 방향으로 나타나는 지속적인 해수의 흐름을 **해류**라고 합니다. 대기대순환은 해양 표층의 해수를 이동시켜 **표층 순환**을 형성합니다. 무역풍의 영향으로 위도 0~30도 해역에서는 서쪽으로 해류가 흐르고, 편서풍의 영향으로 위도 30~60도 해역에서는 동쪽으로 해류가 흐릅니다. 해류는 대륙 주변을 따라 북쪽(북반구) 또는 남쪽(남반구)으로 이동하면서 거대한 동그라미를 그리며 순환합니다. 북반구에는 시계 방향의 북태평양 환류, 북대서양 환류가 있고, 남반구에는 반시계 방향의 남태평양 환류, 남대서양 환류, 인도양 환류가 있습니다. 저위도에서 고위도로 흐르는 비교적 따뜻한 해류를 난류라고 하며, 고위도에서 저위도로 흐르는 비교적 찬 해류를 한류라고 합니다. 이처럼 지구의 바다에서는 난류와 한류의 형태로 에너지가 운반되고 있습니다.

해양에는 표층 해류뿐만 아니라 깊은 바다에 흐르는 심층 순환도 있습니다. 극지방의 표층수는 수온이 낮아지거나 얼어서 더 짜지면 밀도가 높아집니다. 밀도가 높아지게 된 해수는 밀도차에 의해 아래로 가라앉아 서서히 이동해요. 이 현상이 심층 순환입니다.

해수의 순환은 표층 순환과 심층 순환으로 이루어집니다. 표층 순환과 심층 순환은 완전히 별개의 순환이 아니라 서로 만나 섞이기도 합니다. 이렇게 **해수의 순환**은 지구의 열에너지를 전 지구에 골고루 전달해 연평균기온을 일정하게 유지하도록 하는 데 중요한 역할을 합니다.

태풍도 쓸모가 있다고?

에너지 운반자 역할을 하는 또 다른 사례로는, 매년 발생하는 태풍이 있습니다. 태풍은 왜 발생하는 걸까요? 그리고 왜 하필 저위도 지역에서 태풍이 발생하는 걸까요?

태풍은 지구로 들어오는 태양복사 에너지의 위도별 불균형으로 인해 나타나는 자연 현상으로, 따뜻한 저위도의 바다에서 증발한 수증기가 강한 상승기류를 받아 생깁니다. 태풍은 고위도로 이동하면서 강한 비를 뿌려 물을 순환시킵니다. 바다의 물은 수증기로 증발할 때 숨은열(잠열)을 흡수하고, 상승기류에 의해 구름이 될 때는 숨은열을 방출해요. 이처럼 에너지는 수권에서 기권으로 흐릅니다. 물은 수증기가 되었다가 구름을 형성하면서 물이나 얼음으로 형태가 변하게 됩니다. 이후 물은 지권에 비나 눈으로 내려오면서 지표를 변화시키기도 합니다. 이렇게 물의 순환 과정에서 증발과 응결, 승화 같은 현상이 생겨 숨은열이 출입하면서 에너지의 이동이 일어나는 것입니다. 이처럼 물의 순환은 에너지의 흐름과 밀접한 관계가 있습니다.

❺ 태풍은 저위도의 에너지를 고위도로 전달해 지구가 전체적으로 에너지 평형을 이루도록 도와줍니다. 또 태풍은 중요한 수자원 공급원이기도 합니다. 물 부족 현상을 해결해 주기도 하고, 해수를 혼합해 바다 생태계를 활성화하는 역할도 합니다. 태풍은 물론 강한 바람과 많은 비를 동반하니 큰 피해를 주기도 하지만 무조건 해로운 것만은 아니죠? 태풍이 일어나는 것은 에너지 흐름 차원에서 보면 어쩌면 참 다행스러운 일인지도 모르겠습니다.

이처럼 지구계의 에너지는 한곳에 머무는 것이 아니라 기권, 수권, 지권, 생물권으로 흐르면서 지구계 구성 요소의 균형을 유지하게 합니다. 태풍 이외에도 화산 활동, 생물의 광합성 등 지구계에서 일어나는 현상들은 **에너지 흐름과 물질 순환**의 결과라고 말할 수 있습니다. 지구계의 구성 요소들은 긴밀하게 상호작용하기 때문에 어느 한 요소에 변화가 생기면 다른 요소들에 영향을 미치게 됩니다.

	지권	수권	기권	생물권	외권
지권	판의 운동, 화산, 지진, 대륙 이동	풍화, 침식, 운반, 퇴적, 지형 변화	풍화, 침식, 운반, 퇴적, 지형 변화	화석연료, 풍화, 토양 생성	태양에너지 공급
수권	쓰나미 발생, 지권 물질 용해	해수 순환, 심층 순환	해류 발생, 강수 발생	오염 물질 이동	조석 현상, 태양에너지 공급
기권	화산 기체 공급	수증기 공급, 태풍 발생	전선 생성, 기단 간의 상호작용	호흡, 광합성, 증산작용	태양에너지 공급, 유성
생물권	서식처 제공, 영양분 공급	서식처 제공, 물과 영양분 제공	호흡, 광합성, 종자와 포자의 운반	먹이사슬	광합성

지구계 구성 요소의 상호작용

배운 내용을 찬찬히 떠올리며 아래 빈칸을 채워 보세요.

지구로 흡수되는 태양복사 에너지와 방출하는 지구복사 에너지의 양이 같아서 ❶(   )이 일정하게 유지된다. 지구 전체를 하나로 보면 ❷(   )이 되지만 위도에 따라 지구가 흡수하는 태양복사 에너지의 양과 방출하는 지구복사 에너지의 양은 다르다. 저위도 지역의 남아도는 ❸(   )를 고위도 지역으로 운반하는 역할을 지구의 공기와 물이 맡고 있다. 전 지구적인 규모로 대기가 에너지를 운반하는 현상을 ❹(   )이라 하고, 해수가 에너지를 현상을 해수 순환이라고 한다. 지구계에서 일어나는 현상들은 ❺(   )과 물질 순환의 결과다.

정답 ❶ 복사평형 ❷ 복사 평형 ❸ 에너지 ❹ 대기 대순환 ❺ 에너지 순환

5

인류는
에너지를
어떻게
이용해 왔나요?

30초 예습 퀴즈

인류의 에너지 이용에 대해 얼마나 알고 있는지 OX 문제를 풀어 보세요.

❶ 인류는 불을 이용해 광석으로부터 구리, 철 등의 금속을 얻는다. (O , X)

❷ 인류가 증기기관의 발명으로 자연으로부터
　동력에너지를 이용할 수 있게 되었다. (O , X)

❸ 3차 산업혁명 시기에 백열등, 건전지, 교류전기,
　모터 등이 발명되었다. (O , X)

❹ 컴퓨터는 십진법을 이용해 논리 연산, 저장을 수행하는
　전자 기계라고 정의된다. (O , X)

❺ 화석연료라고 하면 석탄과 석유, 천연가스 등이 있다. (O , X)

인류는 에너지를 어떻게 이용해 왔을까요? 인류사에서 가장 중요한 발견은 불의 발견이라고 해도 과언이 아닙니다. 고대 인류가 불을 사용하기 시작한 것은 100만 년 전에서 30만 년 전으로 추정됩니다. 인류는 불을 활용해 추위를 피하고, 맹수로부터 스스로를 보호할 수 있었으며, 음식을 익혀 먹을 수 있었습니다.

　음식을 익히면 더 다양한 식재료를 먹을 수 있으므로 영양분을 더 많이 공급받을 수 있고, 식재료가 훨씬 부드러워지기 때문에 오래 씹지 않아도 됩니다. 인류는 음식을 익혀 먹은 덕분에 여유 시간을 얻게 되었습니다. 신체적으로는 소화기관인 소장이 줄어들고 뇌가 커졌습니다. 뇌가 발달하고 지능이 향상 되자 인간은 다른 동물들보다 우월해졌습니다. 원숭이, 침팬지, 고릴라 같은 유인원들과 차이가 생기기 시작한 것입니다. 식사 도 더 잘하게 되고 도구를 사용해 사냥과 수렵채집을 더 효율 적으로 하고 다른 동물로부터 자신을 지키는 힘이 늘어나면서 생존율이 올라가고 인구수도 늘어났습니다. 인간들은 그렇게 점차 세력을 확장하게 되었습니다.

하지만 뇌의 크기가 커지면서 출산 과정이 더 위험해졌습니다. 그래서 아이를 건강하게 출산하고 잘 키우기 위해 인류는 서로 힘을 모아야 했습니다. 사람들은 더 많이 교류하게 되었습니다. 의견을 나누며 상의하고, 더 안정적으로 수확물을 얻는 방법을 논의하고, 그렇게 얻은 수확물을 나누는 동안 언어가 발달했습니다. 이처럼 불은 다른 동물과 인간을 구분 짓게 하고, 사회를 창조하는 밑바탕이 되었습니다.

불은 전염병을 쫓아내는 데 도움을 주기도 했습니다. 고대 그리스 아테네에 역병이 퍼진 적이 있었습니다. 스파르타의 공격을 받은 펠로폰네소스 전쟁(기원전 430년경) 때의 일이었습니다. 히포크라테스와 그의 추종자들은 아테네인들을 돕기 위해 아테네를 찾아갔습니다. 히포크라테스는 도시 전체에 병이 퍼졌는데도 유독 대장장이들만 병에 걸리지 않았다는 사실을 발견했습니다. 그는 대장장이들이 불과 가까이에 있다는 점을 떠올리고, 불이 역병 퇴치에 효과가 있다는 것을 추론해 냈습니다. 그는 곧바로 아테네 시민들에게 집에 불을 피워 공기를 건조하게 하고, 병에 걸려 사망한 자들을 화장하게 했으며, 물을 끓여 마시라는 처방을 내려 역병으로부터 아테네인들을 구하는 데 성공했습니다.

금속 문명의 시작

불은 토기를 만드는 데도 적극적으로 이용되었습니다. 우리가 은나라라고 알고 있는 중국의 상 왕조(기원전 1600년경~기원전 1046년경)는 토기 문화가 찬란하게 빛나던 시기였습니다. 이 시대 귀족은 더없이 정교한 청동기, 백도(白陶), 옥기(玉器)를 사용하고 있었습니다. 이 시기 도공들이 우연히 뜨거워진 돌에서 흘러나와 굳는 '동'을 발견했고, 이것이 금속 문명이 등장하는 계기가 되었습니다.

❶ 인류는 불을 이용해 광석에서 구리나 철 등의 금속을 얻기 시작했습니다. 자연에서 얻은 금속으로 생활에 필요한 철제

농기구나 철제 무기 등을 만들었고, 이를 활용해 농경 생활을 했습니다. 이에 따라 수확량이 급증하게 되면서 청동기와 철기 문명이라는 새로운 시대가 열렸습니다.

"대장장이들은 불로써 쇠를 다스려 아름다운 형상, 생각 속의 영상을 만드나니, 불이 없다면 어떠한 장인도 황금을 그 가장 순수한 색깔로 만들지 못하리라."

르네상스 시대의 위대한 거장 미켈란젤로의 시인 '소네트 59'의 한 구절입니다. 불은 고대 그리스 철학자인 엠페도클레스, 플라톤, 아리스토텔레스가 자연 철학에서 만물의 근본 원소라고 거론했을 만큼 매우 귀중한 가치를 지니는 대상입니다.

불은 연금술이 발달하는 데도 크게 이바지했습니다. 납을 금으로 바꾼다는 비술인 연금술은 근대 화학의 초석이 되었습니다.

이처럼 불은 문명 국가의 미래 운명을 결정짓는 열쇠와도 같은 역할을 해 왔습니다.

진화론에서 이야기하는 최초의 생명체가 무엇인지 알고 있
나요? 2006년 토머스 캐빌리어스미스가 제안한 생명의 계통수
(진화에 의한 생물의 유연 관계를 나무에 비유해 나타낸 그림)에서 모
든 생물의 뿌리에 해당하는 존재는 바로, 루카(LUKA)입니다.
루카는 'The Last Universal Common Ancestor'의 약자로, 현존
하는 생물체들의 공통 조상을 뜻합니다. 루카 이래로 인간을
포함한 지구의 모든 생명체에게는 한 가지 공통된 과제가 있습
니다. 바로 '자연으로부터 얻을 수 있는 다양한 에너지원들을
어떻게 생존을 위한 에너지로 바꿀 것인가?'입니다. 그런데 18
세기가 되어서 인류에게 이 숙제를 해결하게 할 혁명적인 사건
이 일어납니다. 이전까지는 얻어내지 못했던 에너지의 대전환을
가능하게 해 준 산업혁명입니다.

이전까지의 인류는 자연으로부터 동력(일을 수행하는 기계 등
을 움직이는 데 필요한 에너지)을 얻기 위해 헤아릴 수 없이 많은
발명을 해 왔습니다. 노를 젓지 않고 바람으로 항해할 수 있는
돛, 물의 낙차를 이용해 동력을 얻는 수차, 바람을 이용한 풍차
등 다양한 사례가 있습니다.

그러나 ❷ 인류가 자연으로부터 동력에너지를 마음껏 이용

할 수 있게 된 결정적인 계기는 18세기 제임스 와트가 발명한 '증기기관'이었습니다. 증기기관은 보일러에 열을 가해 발생시킨 증기를 실린더로 보내 피스톤을 움직여 동력을 얻는 장치입니다. 실린더는 피스톤이 왕복 운동하는 속이 빈 원통 모양의 장치로, 증기기관이나 내연기관 등에 사용됩니다. 석탄과 석유, 천연가스 등과 같은 연료만 있다면, 증기기관이라는 발명품을 이용해 뜨거운 열을 동력으로 전환할 수 있었던 것이죠. 증기기관을 이용한 장치를 공장의 동력으로 이용하면서 물건을 대량으로 생산하게 되었고, 증기선과 증기기관차가 개발되면서 물건을 빠르게 운송할 수 있게 되었습니다.

동력의 발달은 육상 및 해상 교통의 판도를 바꿨으며, 인간의 행동 범위를 크게 넓혔습니다. 그전까지는 가족 단위 규모에서 손으로 제품을 만들었다면, 이제 그 과정은 공장이라는 거대한 시스템으로 옮겨갔습니다. 공장에서는 손으로 만드는 것과는 비교할 수 없을 만큼 많은 양의 상품을 한꺼번에 만들 수 있었습니다.

이처럼 증기기관의 발명으로 시작된 1차 산업혁명은 인류 문명사에 큰 획을 긋는 사건이 되었습니다.

1887년 3월 6일 경복궁에 있는 조선 후기의 정자 향원정 (보물 제1761호)에서 우리나라 최초의 전깃불이 켜졌습니다. 첫 전등불은 16촉광 700개였습니다. 촛불 하나는 1촉광도 안 되니 그렇게 밝은 불을 보고 사람들이 얼마나 놀랐을지 짐작할 수 있을 것입니다. 에디슨 전등회사에서 발간한 보고서에 따르면 "경복궁 전등 시설이 당시 동양에서 가장 훌륭하다"고 강조되어 있습니다. 이 일은 1879년 미국의 발명가 토머스 에디슨이 필라멘트 재료를 바꾸어 백열전구를 세계 최초로 발명하고, 에디슨 전기회사를 설립해 백열전구를 상용화한 지 7년 5개월 만에 일어난 일이었습니다.

19세기 말에서 20세기 중반에 걸쳐 ❸ 2차 산업혁명이 일어났습니다. 이 시기에 백열등, 형광등, 모터, 발전기, 전화기, 자동차, 비행기, 화학비료 같은 생활필수품들이 많이 발명됐습니다. 이 시기는 현대 문명의 토대를 이루는 거의 모든 문물이 탄생한 시기라고 해도 과언이 아닙니다. 석유와 전기, 내연기관, 중화학공업 등 다양한 분야에서 기계와 산업의 과학화를 통해 생산 라인을 구축하게 되었고, 이 생산 라인으로 이전보다 훨씬 더 규모가 큰 대량생산 체제에 돌입하게 되었습니다. 이 시기는 산업계 전반에서 생산성이 급격히 높아진 혁신의 시기였습니다. 이러한 구조적인 변화와 더불어 영화나 라디오의 보급, 축음기 개발 등으로 문화 전반에도 혁신이 일어났고, 이 혁신은 고용 시장을 키우는 데에도 크게 기여했습니다.

이러한 혁신을 가능하게 한 주요 에너지는 바로 석유와 전기에너지입니다. 전력 수송을 위한 시설을 만드느라 구리 수요량이 늘면서 스페인, 칠레, 일본, 북아메리카, 남아프리카 등지에서 광석을 캐내고 구리를 추출하고 정제하게 되었습니다. 20세기 들어서는 니켈이 산업과 군수 생산품의 원자재로 떠오르게 되었습니다.

공산품이 늘어나면서 이를 소비할 시장을 개척하는 일이 무엇보다 중요해졌습니다. 소비시장을 개척하기 위해 제국주의가 팽창하게 되었습니다. 여러 열강이 무기 산업에도 많이 투자하게 되면서 인류는 두 번의 세계대전을 맞이하게 되는 비극적인 결과가 벌어졌습니다.

3차 산업혁명: 컴퓨터의 등장, 지식정보 혁명

3차 산업혁명은 여러 이름으로 불립니다. 기술적인 측면에서

'디지털 혁명'이라고 부르기도 하고, '정보 혁명'이라고 부르기도 합니다. 앨빈 토플러는 이를 농업 혁명, 산업혁명에 이은 '제3의 물결'이라고 부르기도 했습니다. 3차 산업혁명은 20세기 IT 기술의 급격한 발달로 인해 나타난 사회 문화적 변화상을 통칭하며 '지식정보 혁명'이라고 말하기도 합니다. 이 시기에 새로운 정보 공유 방식이 생기면서 정보 통신 기술이 본격적으로 발달하기 시작합니다.

이 혁명의 주역은 컴퓨터입니다. ④ 컴퓨터는 이진법을 이용해 논리 연산, 저장을 수행하는 전자 기계라고 정의됩니다. 컴퓨터는 계산하다라는 뜻의 'compute'와 '-er'가 합쳐진 단어로, 계산하는 기계라는 의미입니다.

컴퓨터의 기원은 기계식 계산기입니다. 1623년 빌헬름 시카르트는 여섯 자리 숫자를 더하고 뺄 수 있는 최초의 기계식 계산기를 만들었고, 1642년 블레즈 파스칼은 십진법으로 더하고 뺄 수 있는 기계식 계산기를 만들었습니다. 이어 1671년에는 고트프리트 라이프니츠가 곱셈, 나눗셈까지 가능한 사칙연산 계산기를 발명했고요.

세계 최초의 전자식 계산기, 즉 최초의 컴퓨터는 1946년에 완성된 에니악(ENIAC)이라고 널리 알려져 있지만, 실은 1942년에 아이오와 주립대학교에서 존 아타나소프와 클리포드 베리가 개발한 ABC(Atanasoff-Berry Computer)가 최초입니다. 물론 여전히 에니악은 컴퓨터의 역사에서 매우 중요한 위치를 차지하고 있긴 하지만요.

3차 산업혁명은 20세기 중반 컴퓨터(1942), 인공위성(1957), 인터넷(1969)의 발명으로 촉진되어 일어난 산업혁명입니다. 이 발명품들이 처음 등장하자마자 일반 가정 및 개인에게 바로 공급된 것은 아니었습니다. 그로부터 수십 년이 지난 1990년대가 되어서야 월드 와이드 웹(www)과 함께 컴퓨터가 일반 가정에까지 널리 보급되었습니다.

IT 기술이 급격히 발달하면서 누구나 손쉽게 정보에 접근할 수 있는 경로가 마련되었습니다. 이는 지식 관리 및 창출에 막대한 영향을 미치고 있습니다. 수많은 사람이 서로 정보를 공유하고 보다 쉽게 여러 정보를 얻을 수 있게 되었고, 초고성능의 컴퓨터를 이용해 여러 시뮬레이션을 해 봄으로써 이전까지 상상할 수 없었던 방법으로 시간과 돈을 절약해 각종 예측 및 연구를 할 수 있게 되었습니다. 이를 통해 다양한 학문이 발전할 수 있었습니다.

또 인터넷의 발달 등으로 수많은 지역에서 다른 나라의 소식을 접하고 국민들끼리 의사 소통을 할 수 있게 되면서 국가 기관에서 정보를 차단하는 것이 급격히 어려워지는 등 민주주

의의 확산에도 영향을 주고 있습니다.

4차 산업혁명 : 인공지능과 빅데이터

4차 산업혁명은 디지털 정보 기술 기반의 초연결 지능화 혁명으로, 물리적, 생물학적, 디지털적 세계를 빅데이터에 근거해 통합하고 경제 및 산업을 포함한 모든 분야에 영향을 주는 다양한 신기술로 설명됩니다. 빅데이터 분석, 인공지능, 사물인터넷, 로봇공학, 무인 운송수단, 3D 프린팅, 나노기술 등이 4차 산업혁명의 사례입니다.

인류는 4차 산업혁명을 통해 물리적 세계와 온라인 세계를 통합하는 새로운 경험을 하게 됩니다. 이를 O2O(online to offline)라고 부릅니다. 4차 산업혁명으로 열린 현재 시대는 초지능을 활용한 초연결 시대로, 기존 산업혁명에 비해 더 넓은 범위에 더 빠른 속도로 엄청난 영향을 끼치고 있습니다.

인류는 또한 가상현실(VR)과 증강현실(AR)을 통해 새로운 경험을 하게 되었고, 생물학적 세계에서는 인체 정보를 디지털 세계에 접목하는 기술인 스마트 밴드를 이용해 모바일 헬스케어를 구현하게 되었습니다. 이러한 지능화 기술은 우리 생활의 많은 부분을 변화시키고 있고, 여러 문제를 해결해 주고 있습니다.

	시기	내용
1차 산업혁명	18세기	증기기관 기반의 기계화 혁명, 석탄 중심
2차 산업혁명	19~20세기 초	전기에너지 기반의 대량생산 혁명, 석유 중심
3차 산업혁명	20세기 중후반	컴퓨터와 인터넷 기반의 지식정보 혁명
4차 산업혁명	21세기 초반	빅데이터, AI, IoT 등의 정보기술 기반의 초연결 혁명

1차~4차 산업혁명 단계

산업혁명의 핵심 에너지원, 화석연료

이제 산업혁명 이후 핵심 에너지원으로 사용되어 온 화석연료에 대해서 더 자세히 알아봅시다. 화석연료는 이름에서도 유추해 볼 수 있듯이, 오래전 지구상에 서식했던 생물이 활동하고 남긴 유기체의 잔존물인 화석이 변해 생겨난 에너지 자원을 뜻합니다. 즉 고대에 죽은 생물들이 지층에 파묻힌 다음, 지구 내부의 고온고압의 환경으로 인해 탄화수소 덩어리로 바뀌면서 만들어졌습니다. 이 고대 생물들은 궁극적으로 태양에너지로 살았던 존재이므로, 화석연료 역시 궁극적으로는 태양에너지에서 기인했다고 볼 수 있습니다.

❺ 화석연료로는 석탄과 석유, 천연가스 등이 있습니다. 그 가운데서도 가장 먼저 대량으로 이용하기 시작한 화석연료는 석탄입니다.

석탄은 수억 년 전의 식물이 땅속에 묻히는 것에서부터 시작됩니다. 석탄기(약 3억~3억 5,000만 년 전)의 지구에는 거대한 양치식물인 속새와 석송 등이 주류를 이루고 있었습니다. 늪과 숲에 식물들이 가득했죠. 이 식물들은 광합성을 통해 만들어지는 화학에너지의 천연창고 역할을 하고 있었습니다. 그런데 아직 밝혀지지 않은 어떤 이유로 이 식물들이 대량으로 죽었고, 그 잔해가 땅에 매몰되어 두꺼운 유기체로 구성된 층을 이루게 되었습니다. 그 위에 토사가 덮이고 또 거기에서 식물이 번창하는 과정이 여러 번 이어집니다. 이 과정에서 오래전 죽은 식물들은 지구 내부의 압력을 받아 탄화되어 석탄층을 형성해 깊은 곳에 매장되었습니다. 석탄층은 형성되기까지 수백만 년이 걸렸고, 지반이 서서히 침강하는 퇴적분지 같은 곳에 만들어졌습니다.

석탄은 주로 탄소, 수소, 산소로 이루어진 연소 가능한 퇴적 유기암입니다. 탄화 정도에 따라 이탄, 토탄, 갈탄, 역청탄, 무연탄으로 나눕니다. 무연탄은 1980년대까지 우리나라 서민 가정에서 주로 사용하는 연료였어요.

석탄은 석유와 달리 세계 각지에 비교적 고르게 분포되어 있습니다. 유럽에서는 11~12세기부터 사용되었지만, 중국에서는 기원전 4000년대부터 사용되었다고 합니다. 인간은 지하 탄광에서 캐낸 석탄을 태워 열을 얻었습니다.

석탄은 여러 물질이 혼합된 것으로, 석탄을 가열하면 각각의 물질로 분리할 수 있습니다. 16세기에도 석탄에 관한 연구가 진행되었다고 합니다. 밀폐된 용기에 석탄을 넣고 산소를 차단한 채 1,000~1,300도까지 가열하면 연료로 사용할 수 있는 기체인 석탄가스가 나오고, 콜타르 같은 액체나 고체 물질이 남습니다. 석탄가스에 불을 붙이면 불꽃이 일어나는데, 16세기 사람들은 여기에 마술적인 힘이 있다고 생각해 석탄을 많이 활용하지 않았다고 합니다. 18세기 말 영국의 공학자 윌리엄 머독은 석탄을 가열해 타르를 얻는 방법을 연구해서 이때 나오는 가스를 자신이 일하는 공장 조명을 밝히는 데 이용했습니다. 이는 석탄 가스로 조명을 밝힌 최초의 사례로 역사에 남았습니다.

석탄처럼 고체로 된 유기물을 산소가 없는 상태에서 열분해해서 휘발 물질과 비휘발 물질로 나눈 것을 건류라고 합니다. 19세기부터 사회적으로 널리 석탄을 사용하게 되었고, 20세기 초에는 가정과 일터에서 조명이나 난방 등 다양한 용도로 활용했습니다.

화석연료로 분류하고 있지만, 석탄과 석유는 반드시 연료로만 사용하는 것은 아닙니다. 다양한 화학공업의 원료로도 쓰고 있어요. 오늘날의 유기화학 산업을 발전시킨 기초를 이룬 것은 석탄을 원료로 하는 석탄 화학공업이라고 말할 수 있습니다. 독일을 중심으로 타르를 이용해 합성염료, 의약품 등을 만들어 낸 것이 그 시작이라고 할 수 있습니다.

인류는 고대부터 화석연료를 사용해 왔으나 연료 이상의 것으로 활용하기까지는 많은 시간이 걸렸습니다. 화석연료는 19세기 산업혁명 이후 본격적으로 사용되면서 지금까지 우리 생활에서 널리 사용되고 있으며, 현대 문명 사회를 건설하는 데 핵심적인 에너지로 자리매김했습니다. 화석연료가 타오르면서 산소와 결합하면 이산화 탄소와 물, 에너지를 발생시키는데, 단위 질량당 많은 에너지를 발생시킬 수 있으므로 중요한 자원입니다.

그러나 화석연료는 한 번 타면 다시 사용할 수 없고, 형성되는 데 수백만 년이라는 오랜 시간이 걸리며, 고대 생물들의 잔존물에 의해 생성된 만큼 양이 한정되어 있어서 언젠가는 고갈될 수밖에 없습니다. 아직까지 현대 인류의 문명이 화석연료에 크게 의존하고 있는 만큼, 화석연료가 고갈되면 크나큰 문제가 생길 것으로 예측합니다.

또 화석연료를 엄청나게 사용하면서 지구의 탄소 순환에

이상기류가 나타나고 있다는 문제가 있습니다. 생물이 호흡할 때 이산화 탄소가 배출되듯이 화석연료가 연소될 때도 이산화 탄소가 발생합니다. 과거에 탄소는 숲과 해양, 대기권과 교류하면서 균형 잡힌 순환 체계를 만들어 갔습니다. 하지만 현대 인류는 막대한 에너지를 사용하며 탄소를 과도하게 배출하고 있고, 이제는 숲과 해양이 해결하기에는 역부족인 상황에 도달했습니다. 이런 상황이 이어진다면 온실기체에 의한 지구온난화가 가속되며 크나큰 재앙이 우리 인류에게 몰아닥쳐 올 것입니다. 안타까운 점은 이 문제가 이제 현실이 되었다는 것입니다.

배운 내용을 찬찬히 떠올리며 아래 빈칸을 채워 보세요.

인류는 ❶(　　　)을 이용해 몸을 따뜻하게 하고 음식을 익혀 먹었으며, 포식자로 부터 스스로를 보호해 왔다. ❶(　　　)은 토기를 제작하거나 금속을 제련할 때도 사용했다. 1차 산업혁명에서 자연으로부터 동력에너지를 마음껏 이용할 수 있게 된 결정적인 계기는 제임스 와트가 발명한 ❷(　　　　　)이었으며, 2차 산업혁명에서 결정적으로 사용된 에너지는 바로 석유와 ❸(　　　)에너지다. ❹(　　　　　)로는 석탄, 석유, 천연가스 등이 있고, 이 역시 궁극적으로는 ❺(　　　)에너지에서 기인했다.

점차
고갈되는

에너지도
있나요?

인류는 18세기 산업혁명 이후 급속한 산업화를 거치며 인구가 폭발적으로 증가하기 시작해서 2022년 현재 약 79억 6,165만 명(국제 통계 사이트 기준)에 이르렀습니다. 이로써 그에 상응해 더 많은 에너지가 필요해지면서, 현대 문명에서 가장 많이 소비하고 있는 에너지원인 화석연료 소비 역시 급증했습니다.

"석유는 중요합니다. 하지만 기름 때문에 살인하고⋯⋯. 물이 모자랍니다."

"물에 중독되지 마라. 물이 없어지면 이성을 잃고 분노할 것이다."

"희망을 갖는 건 실수야. 내 망가져 버린 삶을 되돌릴 수 없다면 결국 미쳐 버릴 거야."

"희망 없는 시대를 떠돌고 있는 우리가 더 나은 삶을 위해 가야 할 곳은 어디인가?"

이것은 영화 〈매드맥스: 분노의 도로〉(2015)에 나온 대사들입니다. 영화의 배경은 핵전쟁으로 인해 자원이 고갈된 22세기로, 물과 기름이 최고의 자원인 세상입니다. 임모탄 조는 얼마 남지 않은 물과 식량을 독점한 후 이것을 무기 삼아 살아남은 인류를 지배합니다. 주인공 맥스는 황폐해진 세상을 정처없이 떠돌다가 임모탄의 부하들에게 납치되어 노예로 끌려가지만, 도망치는 여전사와 독재자의 다섯 여인을 돕게 되면서 그들과 함께 분노의 도로를 탈주합니다. 그러다 독재자가 죽게 되는데, 그가 죽자마자 질서도 절제도 모두 사라져 버립니다. 그리고 물과 기름을 두고 사람들이 목숨 걸고 싸우게 됩니다. 영화는 절제와 인내 없이 자유라는 희망만 품고 균형을 이루지 않는다면 이미 망가져 버린 삶을 고칠 수 없고 결국 미쳐 버릴 것이라고 말합니다.

이 영화처럼 극단적인 상황까지는 아니더라도 현대 인류에게 석유란 생존과 직결되는 물질이 아닐까요?

현대 문명을 **석유 문명**이라고 하고 현대 인류를 **석유를 입는 사람**들이라고 말할 정도로 우리 주변에 석유로 만든 물건은 매우 많습니다. 어느 다큐멘터리에서는 출연진에게 지금 살고 있는 집에서 석유와 관련된 것과 관계없는 것만 가지고 나와 보라고 요청했습니다. 그러자 그 출연진은 천연 섬유로 만든 속옷만 걸치고 나왔습니다. 속옷도 합성섬유를 사용한 보통의 제품을 입었다면 이마저도 벗고 나와야 했겠죠.

이처럼 나일론, 폴리에스터 같은 석유 합성섬유는 물론, 합성고무나 플라스틱 등 생활용품 가운데 석유가 들어가지 않는 것은 거의 없습니다. 비료, 농약, 살충제가 모두 석유를 원료로 만들어지니 우리가 먹는 음식도 결국은 석유 화학기술의 산물이라고 할 수 있습니다. 우리 몸의 피만큼 석유는 현대 산업 문명에서 없어서는 안 될 물질입니다. 그러니 석유를 '현대 문명의 검은 피'라고 표현하는 것은 너무나 당연한 일인지도 모르겠습니다.

현재 전 세계의 1년 석유 소비량은 약 346억 7,500만 배럴입니다. 배럴은 석유의 부피를 잴 때 사용하는 단위로, 1배럴은 약 159리터입니다. 1년 석유 소비량을 리터로 환산하면 55조 리터가 넘는 셈이에요.

오늘날에는 석탄에서 얻는 에너지보다 석유에서 얻는 에너지가 1.5배 더 많습니다. 그럼 이제 내연기관이 등장하면서 화석연료의 대표 주자가 된 석유에 대해 자세히 알아볼까요?

인류와 석유의 만남

고대에 바위틈에서 흘러나오는 검은 액체를 발견하면서 석유와 인류의 만남이 시작되었습니다. 당시 사람들은 정체를 알수 없는 검은 물질인 석유가 사람을 현혹하는 마법의 물질이라고 여겼다고 합니다. 성서에도 이 불가사의한 물질에 대한 기록이 남아 있습니다. "모세가 보니 떨기나무에는 불이 붙어 있었으나 불타고 있는 것은 없었다"라는 구절이 나오고, 노아의 방주에 방수용으로 아스팔트를 사용했다는 구절도 나옵니다. 기원전 3000년경 메소포타미아 지방의 수메르인은 아스팔트를 재료 삼아 조각상을 만들었고, 바빌로니아인도 건축할 때 아스팔트를 접착제로 사용했다고 합니다. 기원전 2000년경 수메르의 마법사는 석유의 분출과 가스의 발산을 이용해 미래를 점치기도 했습니다. 이렇게 석유는 주로 종교적 의식이나 도장용으로 이용되거나 호기심의 대상이기는 했지만, 현대와 같이 널리 사용되지는 못했습니다.

석유(petroleum)라는 단어는 바위 또는 돌을 뜻하는 라틴어 'Petra'와 기름을 뜻하는 'Oleum'에서 유래했습니다. 즉 '돌기름'이라는 뜻이에요. 이는 독일의 광물학자인 게오르기우스 아그리콜라가 1556년 석유의 회수, 정제에 관한 책에서 처음 쓴 말입니다. 동양에서도 돌과 기름을 의미하는 한자를 합쳐 '석유(石油)'라고 부릅니다. ❶ 석유는 지하에서 생성된 액체, 기체, 고체 상태의 탄화수소 혼합물을 말하는데, 일반적으로는 액체 및 기체 상태의 원유를 가리킵니다.

석유는 일반적으로 매장 위치가 지면에서 깊을수록 내부 압력이 높고 가스 물질의 함량이 높으며, 자연적으로 발견되는 석유는 거의 물처럼 존재합니다. 석유의 밀도가 물의 밀도보다 낮기 때문에 석유는 다공질 암석의 위쪽에 자리하고, 물은 그 밑에 자리합니다. 천연가스는 석유와 공존하므로 이 두 물질을 합해 석유라고 칭하기도 합니다.

가공되지 않은 석유의 주요 성분은 여러 종류의 탄화수소입니다. 미량 성분으로는 황, 질소, 금속 등이 있으며, 수분과 가스 같은 불순물도 함유하고 있습니다. 따라서 수출이나 정유 공장으로 보내기 전에 보통 수분이나 가스를 제거하는 간단한 처리 과정을 거치는데, 이 단계까지의 기름을 원유라고 부릅니다. 석유는 원유를 정유 공정을 통해 정제해 만든 제품입니다.

석유의 다양한 분류

증류는 기본적으로 끓는점의 차이를 이용하는 분류 방법입니다. ❷ 석유에는 끓는점이 제각각인 다양한 성분이 함유되어 있는데, 액체 상태의 원유에 열을 가해 기체로 만든 후 서서히 식히면 각각의 성분이 액체로 차례로 바뀝니다. 이런 현상을 이용해 내용물을 분류하는 것이죠.

350도 이상이면 원유에 포함된 대부분의 성분이 기체로 바뀌기 때문에 원유를 350도까지 가열합니다. 이렇게 기체로 변한 원유는 증류탑에 들어갑니다. 이 증류탑은 많은 층으로 나뉘어 있는데, 위로 올라갈수록 차가워집니다. 그래서 원유에서는 각각의 층에서 자신의 끓는점에 해당되는 물질들이 각각 응축되어 액체가 되고 분리됩니다. 그래서 증류탑의 위로 갈수록 끓는점이 낮은 액체가 분리되고, 증류탑의 꼭대기 층에는 액화되지 않는 가스가 모입니다.

이처럼 탄소와 수소로 구성된 다양한 화학성분의 혼합물인 석유에서는 증류 공정에서 각 구성 성분의 끓는점 차이에 의해 비슷한 물리 화학적 물성을 지닌 성분들이 분리됩니다. 이렇게 석유에서는 액화석유가스(LPG), 납사, 휘발유, 등유, 경유, 중유, 윤활유, 아스팔트 등이 만들어져서 각각의 증류탑 층에 모입니다.

석유 제품	분리 온도(끓는점)	용도
액화석유가스(LPG)	25℃	가정난방
가솔린	40~75℃	자동차 원료
납사	75~150℃	화학약품 원료
등유	150~240℃	비행기 원료
경유	220~250℃	디젤엔진 원료
윤활유	250~350℃	윤활제
중유	350℃ 이상	선박 연료
아스팔트	350℃ 이상	아스팔트

석유의 끓는점과 용도

석유 제품들은 대부분 연료로 사용되지만, 납사는 연료로 사용되기보다는 각종 가전제품, 가구, 자동차, 스포츠용품, 완구, 주방용품, 사무용품, 합성세제, 화장품, 의약품, 인공장기 등의 원료가 됩니다.

❸ 석유는 액체 그 자체가 직접 불에 타지 않습니다. 그런데 석유에서 증발한 기체에 함유된 탄화수소가 공기 속의 산소와 반응해 연소합니다. 석유와 산소의 혼합 비율이 일정한 범위가 되었을 때 어느 정도 온도를 높여야 불이 붙는데, 이때의 온도를 인화점이라고 합니다. 석유는 인화점이 다른 물질이 타기

시작하는 온도에 비해 낮아서 불붙기 쉬운 성질을 지닙니다. 인화점은 상온에서 휘발되어 인화되기 쉬운 가스에서부터 휘발유(43℃ 이상), 등유(30~60℃), 경유(50~90℃), 중유(60~150℃), 윤활유(130~350℃), 아스팔트(200~300℃) 순으로 종류에 따라 각각 다릅니다.

천연가스의 발견

천연가스는 단어의 뜻 그대로 자연적으로 생성되는 모든 연소성 가스로, 주성분은 탄화수소입니다. 석유를 추출하는 유전에서 나오는 가스도, 가스만 뿜어내는 가스전에서 나오는 가스도, 석탄채굴 시 함께 뿜어져 나오는 연소성을 지닌 가스도 모두 천연가스에 포함되죠. 연소성이란 공기와 닿으면 열과 빛을 뿜어내는 성질을 의미합니다. 천연가스는 석유, 석탄과 더불어 중요한 에너지 자원으로 꼽힙니다.

역사상 천연가스를 가장 처음 사용한 때는 중국 후한 시기로, 중국 쓰촨의 암염 광산에서 쓰였다고 합니다. 처음엔 원인을 모르는 폭발이 잇따랐기 때문에 사람들은 제사를 지냈습니다. 이후 천연가스가 연소성이 있는 공기임이 밝혀지고 이를 다룰 수 있게 되자, 대나무 관으로 천연가스를 모아 소금을 캐고 정제하는 데 활용했다고 합니다. 이와 같은 방법을 체계화한 인물이 촉한의 제갈량입니다.

그러나 근본적으로 천연가스는 기체 상태이기 때문에 한곳에 많은 양을 저장하거나 대량으로 수송하는 데 어려움이 있었습니다. 천연가스를 액체로 바꾸는 액화 기술이 개발되고 나서야 대량으로 저장하고 필요한 지역에 멀리 보낼 수도 있게 되었습니다. 천연가스가 에너지원으로서 각 지역에 본격적으로 대량 공급되기 시작한 것은 관련 기술이 개발된 제2차 세계대전 이후입니다.

천연가스는 저장 방법과 공급 방법에 따라 세 가지로 분류됩니다.

1. LNG(Liquefied Natural Gas, 액화천연가스)

LNG는 우리에게 가장 친숙한 형태의 천연가스입니다. 천연가스는 기체 상태로 존재하기 때문에 이걸 그대로 운송수단에 실어서 그대로 옮기려면 경제성이 너무 떨어집니다. 그래서 천연가스를 영하 161도에서 냉각해 액화시켜 옮기는 방법을 고안해 냈습니다. 이것이 바로 LNG입니다. 천연가스를 액화하면 부피를 600분의 1 수준으로 줄일 수 있어 저장하거나 운반하기

섭습니다.

2. CNG(Compressed Natural Gas, 압축천연가스)

기체 상태의 천연가스를 압축해 부피를 200분의 1 수준으로 줄인 가스입니다. 주로 자동차 연료로 쓰이는데, LNG보다 부피가 크기 때문에 우리나라에서는 주로 천연가스 버스의 연료로 사용합니다.

3. PNG(Piped Natural Gas, 배관천연가스)

가스전에서 기체 상태의 가스를 추출해 파이프라인을 통해 직접 공급하는 가스가 PNG입니다. 대표적으로 러시아가 유럽 국가들에게 이런 방식으로 가스를 수출하고 있습니다. 우크라이나와 전쟁을 벌인 러시아와 유럽 국가의 관계에 묘한 기류가 흐르게 된 까닭도 러시아가 PNG 수출을 규제하고 있기 때문입니다.

천연가스의 용도와 가격

천연가스는 채취하기는 어려워도 사용하는 기술이 발달해

있어서 연료로 많이 활용됩니다. 하지만 종류마다 특징이 다르고 그래서 용도도 제각각입니다.

먼저 LNG와 PNG를 비교하면, 같은 가스전에서 채굴했더라도 LNG 쪽이 훨씬 비쌉니다. 가스를 뽑아다 그냥 보내는 방식과 액체로 바꾼 뒤 통에 담아 배에 실어서 보내는 방식 가운데 어느 쪽이 더 비용이 많이 들지 생각해 보면 쉽게 답이 나오는 문제입니다. PNG는 가스를 관으로 보내는 것이니 초기 투자 비용이 많이 들지만, 장기 공급을 염두에 둔다면 손해 보는 일은 아닙니다. 우리나라는 인근에 파이프라인으로 천연가스를 공급받을 나라가 없으므로 전량을 LNG 상태로 수입하고 있습니다.

천연가스는 분자량이 작기 때문에 연소율이 높아 연소 후물과 이산화 탄소 이외의 찌꺼기를 거의 배출하지 않습니다. 그래서 석유나 다른 화석연료에 비해 상대적으로 깨끗한 연료로 평가받고 있습니다. 이산화 탄소 배출량을 줄이고 도시의 대기 오염 문제를 해결하기를 바라는 나라들이 석유를 대체할 만한 시내버스의 연료로 천연가스를 주목하면서 전 세계적으로 천연가스 버스가 늘었고, 더불어 천연가스 소비량도 늘어나고 있습니다.

다만 천연가스는 승용차 연료로는 잘 쓰지 않습니다. LNG

는 천연가스의 부피를 600분의 1로 크게 줄일 수 있지만 온도가 매우 낮습니다. 그래서 버스나 자동차에서 LNG를 안전하게 이용하려면 초저온 탱크를 달아야 합니다. 이 탱크는 작게 만들기도 어렵고 비싸서 개인용 자동차에서 사용하는 것은 무리입니다. 그래서 LNG는 상대적으로 크기가 크고 운행 거리가 긴 시외버스나 대형 화물차, 선박 등 대형 운송수단의 연료로 사용됩니다.

반면 CNG는 천연가스를 200기압 이상의 고압으로 압축한 것입니다. 운반해 온 LNG를 상온에서 기화시킨 후 압축하면 CNG가 만들어지는데, 이 과정에서 부피가 늘어나 LNG의 세 배가 됩니다. 이 때문에 1회 충전 시 운행 가능한 거리가 너무 짧다는 단점이 있습니다. 같은 크기의 연료탱크에 실을 수 있는 천연가스는 CNG가 LNG의 3분의 1밖에 안 되기 때문입니다. 하지만 CNG를 연료로 사용하면 냉각과 단열 장치에 필요한 비용을 절감할 수 있어서 LNG보다 경제적입니다. 또 시내버스용으로 이용하면 연료 충전량이 적어도 크게 무리가 없기 때문에 우리나라는 물론 여러 선진국에서는 경유로 운행하던 시내버스를 대부분 CNG 차량으로 대체했습니다. CNG도 분자량이 작으므로 같은 양의 대기보다 훨씬 가벼워서 누출되면 위로 올라갑니다. 그래서 LPG 가스누출 경보기는 위쪽에 설치합니다.

한국에는 동해 대륙붕에 있는 '동해 가스전'이 있습니다. 동해 가스전은 1998년 7월 탐사 시추에 성공해 2002년 3월 생산시설을 착공했고, 2004년부터 가스 생산을 개시했습니다. 2021년 말까지 천연가스 및 초경질유를 약 4,500만 배럴 생산해 국가 경제 활성화에 기여했습니다. 하지만 가스가 고갈되어 현재는 시설을 철거하고 있습니다. 그러나 동해 가스전을 통해 우리나라는 탐사에서부터 시추, 개발, 생산 및 철거에 이르는 석유개발 산업의 모든 기술을 확보하게 되었습니다.

석유와 천연가스의 생성 조건

우리의 실생활에 필요한 다양한 제품의 원재료인 석유와 천연가스는 어떻게 만들어졌을까요?

앞에서 언급한 바와 같이 석유와 천연가스는 대표적인 화석연료입니다. 그래서 생성 과정도 석탄과 매우 유사합니다. 그런데 석탄은 오래전 죽어 땅속에 묻힌 식물들로 이루어진 두꺼운 층인 반면 석유는 식물 이외의 유기물들이 매몰되어 만들어집니다.

현재 석유 형성에 관해 설명할 수 있는 대표적인 이론인 유기 기원설에 따르면, 5억 년 전 죽은 유기물이 바다나 강바닥, 또는 습지에 쌓여 진흙, 먼지 등과 섞였습니다. 오랜 세월에 걸쳐 그 위에 침전물이 쌓이면서, 그 과정에서 발생하는 열과 압력으로 유기물층의 성분이 변해 끈적끈적한 점성의 탄화수소 화합물이 만들어졌습니다. 이러한 탄화수소 화합물은 자연 상태에서 탄소와 수소 원자로만 구성된 더 작고 가벼운 화합물로 분해되는데, 유기 기원설에서는 이 물질이 액체가 되느냐 기체가 되느냐에 따라 각각 석유와 천연가스가 되었다고 보고 있습니다. 석유와 천연가스가 만들어지는 데 얼마나 오래 걸리는지는 정확히 밝혀지지 않았으나 학자들은 대략 수십만 년 정도일 것으로 보고 있습니다.

석탄의 생성 과정과 달리, 탄화수소 화합물이 생성되더라도 석유가 지속적으로 고여 있는 유전이 되려면 근원암, 저류암, 집유 구조와 덮개암이 반드시 필요합니다. 석유 형성의 모태가 되는 근원암은 유기 물질을 석유 또는 천연가스로 바꿔 주는 암석입니다. 근원암에는 보통 그 안에 석유가 머물 만한 공간이 부족합니다. 그래서 근원암에서 생성된 석유는 서서히 근원암 바깥으로 빠져나가 석유가 머물 수 있는 틈새를 많이 지닌 다공질 사암이나 석회암 등의 암석에 스며들게 됩니다. 이러한 암석을 저류암이라고 부르고, 저류암에 나 있는 틈새를 공극이라고 부릅니다. 이 공극 안에 물과 원유, 천연가스가 함께 채워집니다. 지각 내 고온고압 상태에서 이런 암석들은 스펀지처럼 푹신푹신한 상태로 존재하기 때문에 석유가 스며들어 고일 수 있는 것입니다.

이처럼 석유는 주로 퇴적암층에 존재하는 것으로 알려져 있으나, 지각 내의 틈을 따라 이동해 간혹 화산암이나 화강암에 균열이 심하게 일어난 곳에서 발견되기도 합니다. 하지만 대부분 석유는 저류암 주변에 존재하며, 석유가 다른 곳으로 빠져나가지 못하도록 매우 치밀한 암석인 덮개암이 저류암 주위를 둘러싸고 있어야 석유가 저류암 안에 고여 있을 수 있습니다. 유전 내에 존재하는 석유는 물보다 가벼운 성질 때문에 암석 내에서 상부로 떠오르려는 성질이 있어서, 유전 아래에서부터 물, 원유, 가스 순으로 저장되어 있습니다.

이처럼 석유가 저류암 내에 모이게 할 수 있는 조건을 **집유구조** 또는 **트랩**이라 부릅니다. 자연 상태에서 트랩은 대부분 바가지를 뒤집어 놓은 것과 같은 모양의 **배사 구조**를 이룹니다. 트랩을 덮고 있는 덮개암은 석유가 유출되지 않도록 균열이 없는 매우 치밀한 암석층이어야 합니다. 대표적인 암석으로는 셰일이나 이암 등이 있습니다.

❹ 석유가 고여 있는 유전이 형성되기 위해서는 이처럼 여러

조건을 동시에 갖추어야 하므로 유전은 특정 지역에만 편재되어 있습니다. 이란이나 사우디아라비아, 쿠웨이트, 바레인 같은 중동 국가가 대표적인 유전국입니다.

석유 매장량이 늘어나고 있다고?

에너지에 관심을 가진 사람이라면 **피크오일(peak oil)**이라는 에너지 용어를 한 번쯤 들어봤을 것입니다. 피크오일이란 '인류가 유한 자원인 석유에너지를 채굴해 소비하는 과정에서 최대 매장량의 정점을 지나쳐 줄어드는 시점'을 말합니다. 이는 1956년 미국의 지질학자 킹 허버트가 고안한 개념으로, 그는 석유 생산량이 급속도로 증가하다가 1970년대 초에 정점에 달한 이후 급감할 것이라고 전망했습니다. 실제로 1971년에 오일 쇼크가 발생해 그의 전망이 적중한 듯 보였습니다. 하지만 그의 전망대로 피크오일이 왔을까요?

오랜 세월 동안 에너지 전문가들은 피크오일이 올 것이라 점쳐 왔습니다. 석유는 한정적인 자원이기 때문에 이 시기가 언제가 될지 예측하는 것은 중요한 화두였습니다. 전문가들은 매번 석유를 사용할 수 있는 기간, 즉 석유의 가채 매장 연수는

40년쯤이 될 거라고 전망해 왔습니다. 즉 앞으로 인류가 사용할 수 있는 석유는 약 40년 정도면 바닥을 보일 것이라는 분석이었습니다.

100년 넘도록 인류가 석유를 채굴해 사용해 왔으니 매장량은 정점을 찍고 그 끝을 보여 줄 만도 한데, 글로벌 에너지 기업 브리티시 페트롤리엄이 발간한 '세계 에너지 통계 자료'에 따르면 최근 30년간 석유 매장량은 매년 평균 2.5퍼센트씩 늘어나고 있다고 합니다. 어떻게 그럴 수 있을까요?

채굴 기술이 진화하면서 방치됐던 석유 개발이 가능해진 것이 피크오일 수명 시점을 늦추게 된 가장 큰 원인입니다. 실제로 미국 등 북미를 중심으로 이른바 셰일오일 같은 비전통 자원의 채굴 기술이 개발되면서 석유가 매장되어 있다고 확인된 곳이 많이 늘어났습니다. 또 기후위기가 심각해지면서 석유 수요가 예전보다 줄어든 측면도 있습니다. 친환경 에너지로 전환해야 한다는 목소리가 높아졌기 때문이죠.

하지만 가채 매장량이 늘어나고 친환경 에너지를 사용한다 해도 석유 소비량이 하루아침에 급감하는 것은 아닙니다. 최근 전 세계적으로 소비된 석유는 하루 9,650만 배럴에 달한다고 합니다. 1년으로 환산하면 352억 배럴의 석유가 채굴돼 사용된다는 것입니다. 코로나 이전보다는 감소했지만, 지난해 우리나라도 하루 263만 배럴씩 총 9억 6,000만 배럴 정도를 소비해 왔습니다.

무엇보다 지구의 석유 확인 매장량이 과학기술의 발달에 따라 종래 추정치보다 훨씬 늘어난다 해도 ❺ 화석연료의 생성 과정이 수십만 년 걸린다는 사실은 변하지 않습니다. 화석연료를 지금처럼 계속 사용한다면 언젠가는 다 쓰고 말겠죠. 그 시기가 언제가 될지에 대해 과학자들의 견해가 크게 엇갈리고 있지만 말입니다.

30초 복습 퀴즈

배운 내용을 찬찬히 떠올리며 아래 빈칸을 채워 보세요.

5억 년 전 죽은 유기물이 바다나 강바닥, 또는 습지에 쌓여 진흙, 먼지 등과 섞이고 오랜 세월에 걸쳐 그 위에 침전물이 쌓이면, 그 과정에서 발생하는 열과 압력으로 유기물층의 성분이 변해 끈적끈적한 점성의 ❶( ) 화합물이 된다. 이 화합물은 자연 상태에서 탄소와 수소 원자로만 구성된 더 작고 가벼운 화합물로 분해되는데 이 물질이 액체가 되느냐, 기체가 되느냐에 따라 각각 석유와 ❷( )가 된다.

석유가 지속적으로 고여 있는 유전이 되려면 바가지를 뒤집어 놓은 것과 같은 모양의 ❸( )를 이루어야 한다. 석유가 만들어지기까지 학자들은 대략 ❹( )년 정도가 걸린다고 보고 있다.

오랜 세월 에너지 전문가들은 ❺( )이 올 거라고 점쳐 왔다. 그때마다 석유를 사용할 수 있는 기간은 40년쯤으로 전망했다.

정답 ❶탄화수소 ❷천연가스 ❸배사 구조 ❹수억 ❺석유고갈론

6. 점차 고갈되는 에너지도 있나요?

7

원자력에너지는 환경오염을 막을 수 있나요?

30초 예습 퀴즈

에너지에 대해 얼마나 알고 있는지 OX 문제를 풀어 보세요.

❶ 단단해 더는 쪼갤 수 없는 입자를 원자라고 한다. (O , X)

❷ 원자는 다른 종류로 바뀔 수 있다. (O , X)

❸ 핵분열이 일어나기 전과 후의 총 질량은 변함이 없다. (O , X)

❹ 원자력 발전 과정에서 이산화 탄소 배출량은 없다. (O , X)

❺ 원자력에너지의 연료가 되는 우라늄 1그램이 생산하는
에너지양은 석탄 3톤이 생산하는 에너지양과 같다. (O , X)

점을 수없이 많이 찍어 완성한 미술 작품이 있습니다. 이렇게 점을 찍어 색을 나타내는 기법을 점묘법이라고 하는데요. 멀리서 보면 하나의 색으로 보이지만, 자세히 들여다보면 다양한 색의 점들이 모여 면을 이루고 있습니다. 많은 점이 모여 색과 형태를 만들 듯 우리 주위에서 볼 수 있는 모든 사물은 무수히 많은 작은 입자로 이루어져 있습니다.

맨눈으로 당연히 보이지 않는 이 입자들이 때론 합쳐지거나 쪼개지기도 합니다. 이 과정에서 발생하는 에너지를 원자력 에너지라고 합니다. 인간의 삶을 유지하는 데 필요한 에너지 가운데 30퍼센트는 원자력 발전을 통해 얻습니다. 원자력에너지는 어떻게 발생하는지, 원자력을 이용한 에너지 발전은 환경에 어떤 영향을 주는지 알아봅시다.

원자의 개념과 구성 요소

오래전부터 사람들은 물질을 이루는 근본 물질이 무엇인지 궁금해하며 이를 찾고자 했습니다. 과학자들은 논쟁을 거쳐 근대에 이르러서는 물질을 이루는 기본 성분인 원소를 찾아냈고, 이를 다양한 원소의 특징을 정리해 주기율표라는 틀을 마련했습니다.

한 가지 예를 살펴볼게요. 물은 원소일까요? 물은 생명체가 삶을 유지하는 데 꼭 필요한 물질이죠. 예로부터 사람들은 물의 중요성을 알고, 물이 만물의 근원이라고 생각했습니다. 하지만 프랑스의 화학자 앙투안 라부아지에는 실험을 통해 물을 산소와 수소로 분해하는 데 성공했습니다. 물은 수소와 산소라는 물질로 분해되었기 때문에 원소라 할 수 없습니다. 대신에 수소와 산소는 다른 성분으로 분해되지 않기 때문에 원소라고 부릅니다. 이처럼 과학자들은 물질을 이루고 있는 기본 성분인 원소를 찾고자 노력했고, 현재까지 118종에 이르는 원소를 찾아 주기율표를 완성했습니다.

순금 100퍼센트인 금반지가 있습니다. 금은 분해되지 않는 원소입니다. 그런데 이 금을 망치로 부서서 쪼개고, 쪼개고, 쪼개면, 종류는 금으로 같지만 크기가 작은 여러 입자로 나뉩니다. 과학자들은 물질을 마지막까지 쪼개서 남는 물질의 가장 기본이 되는 요소를 **원자**라 부릅니다. 이는 고대 그리스의 철학자 데모크리토스가 처음 붙인 이름으로, '더는 쪼갤 수 없다'는 의미가 있습니다.

원자는 사람의 맨눈으로는 당연히 볼 수 없고, 현미경으로도 볼 수 없을 정도로 작습니다. ❶ 처음에 원자의 개념을 '더는 쪼갤 수 없는 작은 입자'라고 정의하긴 했지만, 여러 실험을 통해 원자는 더 작은 기본 입자들로 이루어져 있다는 것이 밝혀졌습니다. 원자의 실제 모습을 밝히고자 노력한 과학자들은 원자의 모습을 모형으로 표현하고자 했습니다. 현대의 원자 모형은 많이 진화했지만, 이 책에서는 1913년 덴마크의 물리학자 닐스 보어가 제안했던 모형으로 다루겠습니다.

보어는 원자핵으로부터 일정한 거리를 두고 떨어져 있는 원형의 궤도에서 전자가 돌고 있는 모형을 제안했습니다. 원자의 중심부에는 전기적으로 양전하를 띤 원자핵이 있고, 그 주위를 음전하를 띤 전자가 돌고 있습니다. 원자핵은 아주 작지만, 원자 전체 질량의 대부분을 차지할 만큼 무겁습니다. 전자는 원자핵에 비해서도 매우 가볍고 크기가 없는 점 입자이며, 원자핵 주위에서 끊임없이 움직이고 있습니다.

원자 가운데 가장 크기가 작은 것은 수소 원자입니다. 지름은 약 100억 분의 1미터고, 수소 원자핵의 지름은 수소 원자 지름의 10만 분의 1 정도 됩니다. 원자 안의 공간은 대부분 비어 있습니다. 원자핵은 양성자와 중성자라는 더 작은 입자로 이루어져 있습니다. 원자핵을 이루는 입자라는 뜻에서 양성자와 중성자를 **핵자**라 부릅니다. 양성자와 중성자는 질량이 거의 같지만 전하량이 다릅니다. 양성자는 전기적으로 양의 기본 전하를 띠고 있지만, 중성자는 전기적으로 중성입니다.

현재까지 알려진 원소는 118종입니다. 원자핵의 구조가 밝혀지면서 원소의 물리·화학적 성질이 양성자나 전자 수에 따라 결정된다는 것이 알려졌습니다. 그래서 원자의 양성자 수에 따라 원자 번호를 붙였습니다. 예를 들어 양성자 1개를 가진 수소는 원자 번호 1번이 되고, 양성자 2개를 가진 헬륨은 원자 번호 2번이 됩니다.

방사성 동위원소

자연계에서는 전자와 양성자 수가 같더라도 중성자의 개수가 달라 원자의 질량이 다른 원소가 존재하기도 합니다. 이들을 동위원소라 합니다. 1번 원소인 수소는 중수소, 삼중수소라는 동위원소가 있습니다. 모두 양성자와 전자의 개수는 1개로 같지만, 중성자 수가 달라서 다른 이름이 붙은 것이죠. 자연계에 있는 대부분 수소(^1_1H)의 원자핵에는 양성자 1개가 있습니다. 하지만 동위원소인 중수소(^2_1H)에는 중성자의 개수가 하나 더해져서 일반적인 수소보다 두 배 더 무겁습니다. 다른 동위원소인 삼중수소(^3_1H)에는 중성자 2개가 더해져서 일반적인 수소보다 세 배 더 무겁습니다. 동위원소는 화학적 성질을 결정하는 양성자와 전자의 수가 같아서 같은 종류의 원소로 취급되지만, 중성자 개수가 다르므로 질량이 다른 형제 원소라고 할 수 있습니다.

❷ 동위원소 가운데 에너지 상태가 불안정해 핵붕괴를 통해 에너지나 입자를 방출하면서 다른 안정된 원소로 바뀌기도 하는데, 이를 **방사성 동위원소**라고 합니다. 최초로 발견한 방사성 동위원소는 1896년 프랑스의 물리학자 앙투안 베크렐이 찾은 우라늄입니다. 그리고 1898년에는 폴란드의 마리 퀴리와 피에

르 퀴리 부부가 우라늄보다 300만 배나 강한 방사능을 가진 라듐을 발견했습니다.

방사성 동위원소가 다른 원소로 붕괴하면서 방출하는 빛과 에너지는 당시만 하더라도 너무 신비로워서, 정체를 알 수 없다는 의미로 **엑스선**이라 이름 붙였습니다. 이 고에너지 방사선은 나무와 같은 물질을 뚫고 지나가는 투과력이 있고, 거울이나 렌즈와 같은 광학기기를 통하더라도 반사나 굴절이 쉽게 일어나지 않았습니다. 또 방사선 발생 지점과 형광판 사이에 손을 넣으면 뼈까지도 볼 수 있었습니다. 이것이 지금도 의료용으로 뼈의 골절이나 염증, 종양을 진단할 때 사용하는 엑스레이(X-ray)입니다. 현대에는 방사성 물질이 얼마나 위험한지 알고 신중하게 다루지만, 당시에는 그 위험성이 알려지지 않았습니다. 당시 사람들은 라듐이 어둠 속에서 푸른빛을 내는 신비한 돌이라고 믿었기 때문에 침대 머리맡에 두고 자거나 아픈 데를 문지르는 등 현재로서는 이해할 수 없는 위험천만한 행동을 했습니다. 하지만 방사선의 영향으로 퀴리 부인은 물론 같은 연구를 한 딸 역시 백혈병으로 숨졌고, 수많은 사람이 빈혈과 골수암에 걸려서 죽음에 이르렀습니다. 그 이후에야 비로소 방사성 물질의 위험성이 인정되었습니다.

천연 상태로 자연에 존재하는 동위원소는 340여 종이 있고,

그 가운데 70개가량이 방사성 핵종입니다. 원자 번호가 82번인 납보다 무거운 원소는 에너지 상태가 불안정한 까닭에 모두 방사선을 방출합니다.

핵분열의 과정

불안정한 핵에서는 핵자의 구성을 바꾸면서 다른 원소로 변하는 핵변환이 자발적으로 일어나고, 이 과정에서 고에너지 방사선을 방출합니다. 입자가 바뀌는데 에너지는 어떻게 방출되는 걸까요? 이 질문에는 1905년 아인슈타인의 특수상대성 이론이 발표되면서 답할 수 있게 되었습니다. 아인슈타인은 $E=mc^2$(E: 발생하는 에너지, m: 감소한 질량, c: 빛의 속도)라는 멋있는 공식을 발표합니다. 좌변에 있는 에너지(E)와 우변에 있는 질량(m) 사이에 등호(=)가 있죠. 이는 에너지와 질량이 서로 전환될 수 있는 관계라는 뜻입니다. 실제로 방사성 동위원소가 핵붕괴를 통해 다른 종류로 바뀔 때 질량의 총합이 줄어듭니다. 줄어든 질량 값이 10^{-27}킬로그램 정도이기 때문에 너무나도 작지만 반응 후에 줄어든 질량에 빛 속도의 제곱(c^2, c는 약 3×10^8m/s)을 곱한 만큼 막대한 양의 에너지가 방출됩니다. 보통 입자 하나만

붕괴하지 않고 물질을 이루는 수많은 입자가 붕괴하기 때문에 위력이 엄청납니다.

핵은 붕괴하기도 하지만 융합하기도 하며, 핵분열과 핵융합 두 반응 모두에서 막대한 에너지를 방출합니다. 이 과정에서 방출되는 에너지는 핵반응 과정에서 줄어든 질량 때문이라는 것을 아인슈타인의 질량-에너지 등가 원리에 따라 설명할 수 있게 되었습니다. 이 관계식($E=mc^2$)은 보기엔 단순하지만, 핵이 어떻게 그렇게 큰 힘을 발휘하는지 그 원리를 이해할 수 있게 해 주었습니다. 또한 지구 환경에 가장 큰 영향을 미치는 에너지원인 태양에너지의 원천을 설명할 수 있게 해 줬고, 원자 폭탄 제작이나 원자력 발전을 가능하게 해 준 단서가 되었습니다.

1938년에 독일 과학자 오토 한과 프리츠 슈트라스만, 리제 마이트너는 우라늄에 중성자를 쪼이면 바륨이 만들어진다는 사실을 발견했습니다. 그 당시까지 핵반응에서 발견된 입자는 양성자, 중성자, 헬륨 원자핵 정도여서 비교적 무거운 원소인 바륨은 호기심을 불러일으켰습니다. 다음 페이지의 그림을 보면 우라늄 원자에 중성자 1개가 충돌해 바륨과 크립톤, 중성자 3개가 방출되는 과정이 나와 있습니다. 원자의 단위는 원자질량단위(u)로, 무게는 1.66×10^{-27}킬로그램입니다. 핵분열이 일어나기 전에 우라늄과 중성자 1개의 질량 합을 계산한 뒤에 핵분열 후 바륨과 크립톤, 중성자 3개의 합을 빼면 $0.185961u(=0.308695 \times 10^{-27}kg)$만큼 질량이 줄었음을 확인할 수 있습니다. ❸ 핵분열 과정에서 줄어든 질량에 빛의 속도의 제곱을 곱한 만큼 에너지를 방출하는 것이죠.

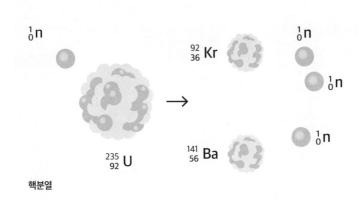

핵분열

원자 번호	질량수	원소 기호	원자 질량(u)
36	92	크립톤(Kr)	91.926270
56	141	바륨(Ba)	140.914363
92	235	우라늄(U)	235.043924
92	238	우라늄(U)	238.050784
0	1	중성자(n)	1.008665

우라늄의 핵분열

우라늄의 핵분열 과정에서 눈여겨볼 것은 핵분열의 결과로 만들어지는 여러 개의 중성자입니다. 우라늄에 중성자 1개를 충돌시키면 바륨으로 분열하는데, 이 과정에서 평균적으로 2.3개의 중성자가 방출됩니다. 이 중성자는 이웃해 있는 우라늄과 충돌을 연쇄적으로 이어가면서 핵분열을 하게 됩니다. 우라늄 원자 1개가 만드는 에너지는 작지만, 이 연쇄 반응으로 발생하는 막대한 양의 에너지는 우리가 일상에서 충분히 사용할 만큼의 에너지를 생산합니다. 한은 핵분열을 발견한 업적으로 1944년 노벨 물리학상을 받았습니다.

원자력 에너지와 탄소 중립을 위한 준비

기후위기에 직면한 지금, 에너지를 생산하는 동안 배출되는 막대한 이산화 탄소는 심각한 문제입니다. 세계 각국은 온실가스로 의한 기후위기를 극복하기 위해서 국제협약을 맺어 왔습니다. 1992년 유엔 기후변화 협약을 시작으로 2005년에는 교토의정서, 2015년에는 파리협정을 채택했습니다. 그리고 2018년 10월, 기후변화에 관한 정부 간 협의체(IPCC)는 지구의 평균온도 상승 폭을 산업화 이전과 대비해 1.5도 이내로 제한하기 위해 2050년까지 **탄소 중립**을 달성한다는 특별 보고서를 발간하게 됩니다. 기후위기를 극복하기 위해 탄소 배출량을 0으로 만드는 탄소 중립은 더는 미룰 수 없는 전 세계 각국의 핵심 정책 목표가 되었습니다.

국제과학자그룹 글로벌 카본 프로젝트(GCP)의 분석 결과에 따르면, 우리나라는 2019년 6억 1,100만 톤의 이산화 탄소를 배출했습니다. 이는 세계 아홉 번째로 많은 양이었습니다. 탄소 중립이 국제규범이 돼가는 현재 우리나라도 이 문제를 더는 외면할 수 없게 되었습니다.

❹ 재생에너지와 원자력에너지는 발전 과정에서 이산화 탄소를 배출하지 않기 때문에 석유나 석탄의 대안으로 주목받아 왔습니다. 원자력은 소량만으로도 엄청난 에너지를 발생시킵니다. ❺ 우라늄-235 1그램만으로 석유 9드럼, 석탄 3톤에 맞먹는 에너지를 생산할 수 있고, 소량의 원자력 연료를 원자로에 장전하면 약 3~4년 동안 계속 사용할 수 있습니다. 현재 우리나라 에너지 생산량의 40퍼센트를 차지하는 석탄 에너지는 연소 과정에서 막대한 양의 이산화 탄소와 미세먼지를 배출합니다. 그래서 미세먼지가 많은 봄철에는 노후 발전소의 사용이 종종 제한되기도 합니다. 반면 원자력에너지는 발전 과정에서 미세먼지나 이산화 탄소를 배출하지 않으니, 이로부터 비교적 자유로운

에너지원이라고 할 수 있습니다.

하지만 원자력 발전소를 건설하고 우라늄을 농축하고 핵연료를 공급하는 과정, 사용 후에 핵연료를 처분하고 해체하는 과정에서는 온실가스가 발생합니다. 전기 생산도 마찬가지입니다. 전기 생산에서 발생하는 이산화 탄소 배출량은 발전 과정뿐 아니라 발전소의 건설, 연료 공급 및 발전소 정지 후 폐쇄, 해체에 이르기까지 **발전 생애주기**(Life-cycle) 동안 나오는 이산화 탄소 배출량을 모두 합산하고 있습니다. 심지어 태양광 발전에 필요한 패널을 제작하는 과정이나 풍력발전에 필요한 풍차 날개를 제작하는 데는 수많은 에너지가 필요하고, 탄소를 배출할 수밖에 없습니다. 또 수명을 다한 부품을 폐기하는 과정에서도 많은 에너지가 필요합니다. 폐기에 사용되는 에너지는 대부분 화석연료로부터 공급받기 때문에, 원자력에너지 역시 생애주기에서 발전 과정을 제외한 모든 단계에서 이산화 탄소를 배출할 수밖에 없는 것입니다. 현재 발전소의 생애주기 전 기간 중 이산화 탄소 배출이 없는 무탄소 에너지원은 없습니다.

2018년 IPCC가 발간한 특별 보고서에 따르면 1킬로와트시(kWh)의 전력당 생애주기 탄소 배출량은 원전이 12그램으로, 태양광(27g)이나 해상풍력(24g)보다 적습니다. 발전 생애주기로 석탄(820g), LNG(490g)과 비교하면 원자력이 저탄소 에너지원에 가

깝다고 할 수 있습니다. 그래서 IPCC는 향후 30년간 세계 원전 설비 용량이 두 배 이상 늘어날 것이라고 예상하기도 했습니다.

평화적인 핵 이용을 위한 약속

원자력은 막강한 폭발력을 지닌 만큼, 매우 조심히 관리해야 합니다. 앞서 핵분열 과정에서 발생한 중성자가 연쇄 반응을 일으키면서 에너지가 방출되는 과정을 이해했습니다, 연쇄 반응을 천천히 일어나도록 조절하면 에너지를 오랫동안 유용하게 사용할 수 있지만, 연쇄 반응을 빠르게 일어나게 하면 핵폭탄처럼 큰 에너지를 순식간에 방출할 수도 있습니다.

원자력 발전소의 원자로에서는 저농축 핵연료가 적당한 속도로 핵분열을 할 수 있도록 감속재와 흡수재를 사용합니다. 감속재는 고속 중성자를 저속 중성자로 만들어 연쇄 반응을 지속적으로 일으키고, 흡수재는 핵에 충돌하는 중성자를 흡수함으로써 연쇄 반응이 천천히 일어나도록 합니다. 또 사고를 최대한 예방하고, 사고가 난다고 하더라도 피해 규모를 최소화하는 다양한 기술적 설비를 갖는 것도 중요합니다. 방사선과 방사성 물질이 격납 건물로부터 유출되지 않도록 설계해 안정성을 확보하고 있습니다.

핵반응 속도를 조절하기 위한 여러 기술적 노력을 기울였음에도 자연재해라는 예기치 못한 사건을 마주하면 되돌이킬 수 없는 피해가 생기기도 합니다. 2011년 일본 도호쿠 지방에는 일본 관측 사상 최대 규모의 지진이 발생해 15미터에 달하는 지진 해일이 원자력 발전소를 덮쳤습니다. 이로 인해 1~4호기 원자로가 침수되었고, 원자로를 냉각하는 데 필요한 전력이 끊겨 원자로 중심부 온도가 급격히 높아지면서 핵연료가 유출되는 사고가 일어났습니다.

방사능에 심하게 노출되면 암이 생길 수도 있고, 조직 세포의 대량 파괴, 세포 물질의 기능 변화 등으로 중상을 입거나 죽음에 이를 수도 있습니다. 이에 따라 더 많은 경우의 수를 가정하고 핵에너지를 안전하게 사용하도록 노력해야 합니다. 국제적인 규범에 따라 핵에너지를 안전하고 엄격하게 관리하고, 평화적으로 사용해야 합니다.

1945년 8월 일본의 나가사키와 히로시마에 떨어진 원자 폭탄은 제2차 세계대전의 종전을 앞당겼지만, 이를 지켜본 사람들에게 핵무기의 위력과 공포를 느끼게 하는 직접적인 계기가 되었습니다. 미국뿐만 아니라 구소련, 영국이 핵무기를 보유하고 프랑스와 중국도 차례로 핵실험에 성공하자, 국제사회에서는 핵무기가 국제평화와 인류 안전을 심각하게 위협할 수 있다는 점을 인식하게 되었습니다. 이에 따라 1953년 12월 8일 미국 드와이트 아이젠하워 대통령이 제8차 유엔총회 연설에서 원자력의 평화적 이용을 제창했고, 국제핵확산금지 체제에 대한 전 세계적 요구 역시 커졌습니다.

아이젠하워 대통령은 원자력에 대한 평화적 이용을 증진하고 핵물질을 국제적으로 통제할 수 있는 국제기구의 필요성을 제기했고, 유엔총회를 거쳐 1957년에 국제원자력기구가 설립되었습니다. 그리고 여러 협상을 거쳐 핵확산금지조약이 이루어졌습니다.

국제사회가 동의한 원자력의 평화적 이용이라는 목표를 실현하기 위해 우리나라에서는 핵확산금지 규제 전문기관인 한국원자력통제기술원이 설립되었습니다. 국제사회의 약속 가운데서도 가장 중요한 조약 가운데 하나인 핵확산금지 조약을 지켜나가기 위해 한국원자력통제기술원은 '원자력 활용은 투명하게 핵안보는 든든하게'라는 구호 아래 네 가지 역할을 수행하고 있습니다.

첫 번째 역할은 **안전조치**로, 원자력 안전법 및 핵확산금지 관련 국제조약에 따라 핵물질 계량 관리 및 안전조치 의무 이행사항을 점검하기 위해 특정 핵물질 사용 시설에 대한 주기적

검사를 수행합니다. 두 번째는 **수출입 통제**로, 핵무기의 개발과 생산, 사용 등을 위해 필요한 물품 및 기술과 같은 전략 물자가 국제적으로 오가는 것을 통제합니다. 세 번째는 **물리적 방호**로, 원자력 시설 등을 물리적으로 위협할 것에 대비해 대응 시나리오를 체계화하고, 실제 훈련을 통해 외부의 위협에 대응합니다. 네 번째는 **사이버 보안**으로, 해킹 위협으로부터 원자력 시설의 정보시스템 보안을 지키기 위해 다양한 위협을 평가하고 사건 대응 시나리오를 활용해 사이버 안보를 다집니다.

지금까지 살펴본 것처럼 핵에너지가 인류의 에너지 문제를 해결하기 위한 중요한 에너지원이 될 것이라는 기대도 있으나, 핵무기는 세계 각국 사이의 중요한 정치적 문제가 되기도 합니다. 이에 따라 핵에너지의 사용에 따른 책임을 분명히 인지하고 국제적인 약속을 지켜나가기 위한 노력은 더욱 중요해지고 있습니다.

30초 복습 퀴즈

배운 내용을 찬찬히 떠올리며 아래 빈칸을 채워 보세요.

전자와 양성자 수가 같더라도 중성자 수가 달라 원자의 질량이 다른 원소를 ❶(   )라고 한다. 이들 중 에너지 상태가 불안정한 경우 자발적으로 다른 원소로 붕괴해 버리기도 하는데, 이때 발생하는 에너지를 ❷(   )이라고 한다. 핵이 분열하거나 서로 합쳐지는 핵 반응 과정에서 질량의 총합이 감소하며, 줄어든 질량에 빛의 속도의 제곱을 곱한 만큼 에너지로 방출되는 데 이는 아인슈타인의 ❸(   ) 원리로 설명할 수 있다. IPCC는 지구의 평균온도 상승 폭을 산업화 대비 1.5도 이내로 제한하기 위해 2050년까지 ❹(   )을 달성하는 목표를 세웠다. IPCC는 2018년 발간한 보고서에서 생애주기 탄소 배출량이 적은 ❺(   ) 발전소의 규모가 더욱 늘어날 것으로 예상했다.

정답 ❶동위 원소 ❷방사선 ❸질량-에너지 등가 ❹탄소 중립 ❺원자력

8

미래에는 어떤 에너지가 새로 개발될까요?

30초 예습 퀴즈

신재생에너지에 대해 얼마나 알고 있는지 OX 문제를 풀어 보세요.

❶ 신재생에너지는 우리나라에서만 사용하는 용어다.　　　　(O , X)

❷ 연료전지란 수소를 연료로 전기를 생산하는 장치다.　　　　(O , X)

❸ 연료전지는 공해와 소음이 발생하기 때문에
　미래의 에너지가 될 수 없다.　　　　　　　　　　　　　(O , X)

❹ 핵융합은 태양계의 유일한 항성인 태양에서도 일어난다.　　(O , X)

❺ 우리나라에는 핵융합에너지를 연구하는
　국가핵융합연구소가 없다.　　　　　　　　　　　　　　(O , X)

환경오염과 에너지 고갈 같은 문제를 해결하려면 앞으로 어떤 에너지를 사용해야 할까요? 가장 최우선은 화석연료를 대체할 에너지를 찾는 것입니다. 이를 우리는 대체에너지라고 부릅니다.

신재생에너지법에 따르면 **신에너지**란 기존의 화석연료를 변환시켜 이용하거나 수소·산소 등의 화학 반응을 통해 전기 또는 열을 이용하는 에너지로, 수소에너지나 연료전지, 석탄을 액화하거나 가스화한 에너지가 여기에 해당합니다. 원유를 정제하고 남은 기름인 중질잔사유(重質殘渣油)를 가스화한 에너지도

신에너지에 포함됩니다.

재생에너지란 햇빛·물·지열·강수·생물 유기체 등 재생 가능한 에너지를 변환시켜 이용하는 에너지입니다. 태양에너지나 풍력, 수력, 해양에너지, 지열에너지, 생물 자원을 변환시켜 이용하는 바이오에너지, 폐기물에너지(비재생 폐기물로 생산한 것은 제외)가 이에 포함됩니다.

❶ 신재생에너지는 우리나라에서만 쓰는 용어로, '재생 에너지'에 '신에너지'를 추가한 개념입니다. 이제 각각의 에너지들에 대해 알아봅시다.

신에너지

1. 수소에너지

수소는 지구상 가장 가벼운 무색, 무미, 무취의 기체로, 산소와 결합한 물(H_2O)처럼 다른 원소와 결합된 상태로 지구에 대량으로 존재합니다. 수소가 연료로 각광받는 이유는 깨끗하고 안전하게 생산하고 저장하고 운반할 수 있기 때문입니다.

수소는 연소 시 공기 중의 산소와 반응해 열을 발생시키고 그 열을 에너지로 사용합니다. 전 세계적으로 수소 시장은 안정적인 편이어서, 매년 약 5,000만 톤의 수소를 생산하고 있습니다.

수소는 다양한 분야에서 오랫동안 안전하게 사용되어 온 만큼 많이 쓰이며, 다른 연료와 비슷한 수준의 안정성이 확보되어 있습니다. 공기 중에 빠르게 확산되지만 점화 온도가 높아 자연적으로 불이 붙기 어렵다는 특징이 있고요. 수소를 안전하게 사용하기 위해 국제표준위원회(ISO)는 국제안전표준을 제정하고 있으며, 안전기술과 사회제도를 지속적으로 점검하고 있습니다.

수소는 물의 전기분해로 쉽게 제조할 수 있으나 투입되는 에너지(전기에너지)에 비해 경제성이 매우 떨어지는 편입니다. 그래서 수소를 추출해 내는 과정에 필요한 새로운 에너지원을 연구하고 있습니다.

수소는 가스나 액체 상태로 수송할 수 있으며, 고압가스나 액체수소, 금속수소화물 등 다양한 형태로 저장할 수 있습니다. 현재 수소는 기체 상태로 저장하고 있으나 단위 부피당 수소 저장 밀도가 너무 낮아 경제성과 안정성이 부족하기 때문에 액체 및 고체 저장법을 개발하고 있습니다.

2. 연료전지(fuel cell)

❷ 연료전지란 수소를 연료로 전기를 생산하는 장치입니다.

연료가 가진 화학에너지를 전기 화학 반응을 통해 직접 전기에너지로 바꾸는 에너지 변환 장치로, 배터리와는 달리 연료가 공급되는 한 충전하지 않아도 계속해서 전기를 생산할 수 있습니다. 화학 반응 중에 발생한 열은 물을 데우거나 난방하는 데 사용됩니다. 반응식은 다음과 같습니다.

$$2H_2 + O_2 \rightarrow 2H_2O + 전기$$

즉 수소와 산소의 화학 반응으로 생기는 에너지를 직접 전기에너지로 변환시키는 기술로, 전기와 순수한 물이 생성물입니다. 발전 효율은 30~40퍼센트이고 열효율은 40퍼센트 이상으로, 총 70~80퍼센트의 효율을 보이는 고효율의 신기술 장치입니다.

수소 자동차는 백금을 촉매제로 사용하는 연료전지를 사용합니다. 그런데 백금이 비싸다 보니 다른 물질로 촉매제를 대체하려는 연구들이 진행되고 있습니다. 자동차를 운행하는 데 배기가스로 수증기(물)이 나온다면 정말 좋겠죠? 오염물질이 생성되지 않을뿐더러 재료로 사용되는 수소나 산소가 고갈될 염려도 없으니 빨리 수소 자동차가 대중화되기를 바라는 사람들이 많습니다.

이 기술에 필요한 재료인 산소와 수소는 어떻게 구할 수 있을까요? 산소는 공기에서 얻으면 되지만 수소는 산소처럼 바로 쓸 수 없어서 물이나 유기물, 화석연료 속에서 분리해야 합니다. 현재는 천연가스의 주성분인 메테인가스에 수증기를 더해 가열하는 방법을 많이 쓰는데, 이때 이산화 탄소가 발생한다는 문제가 있습니다. 물을 전기분해해 수소를 얻는 방법도 있지만, 순수한 물에는 전류가 흐르지 않으므로 물에 전해질을 넣고 전류를 흘려 수소와 산소로 분리해야 합니다. 그러나 앞에서도 언급했듯이 이때 전기를 사용해야 한다는 문제가 있습니다. 그래서 햇빛과 광촉매만으로 물을 분해하거나 미생물을 이용해 물과 유기물을 분해해 수소를 만드는 방법을 실용화하도록 연구하고 있습니다. ❸ 연료전지는 공해와 소음이 없으므로 앞으로 수소 에너지와 더불어 미래의 에너지 장치로 사랑받을 것입니다.

3. 석탄 액화·가스화 및 중질잔사유 가스화

가스화 복합 발전 기술은 석탄, 중질잔사유 등 저급 원료를 고온고압의 가스화기에서 한정된 산소로 불완전연소시켜 가스로 바꾸고, 일산화탄소와 수소가 주성분인 합성가스를 만든 뒤 정제 공정을 거쳐 가스터빈 및 증기터빈 등을 구동해 발전하는 신기술입니다.

석탄 액화는 고체 연료인 석탄을 휘발유나 디젤유 같은 액체연료로 전환시키는 기술로, 고온고압 상태에서 용매를 사용해 전환시키는 직접 액화 방식과, 석탄 가스화 후 촉매상에서 액체연료로 전환시키는 간접 액화 기술이 있습니다.

이 기술의 장점은 고효율 발전이 가능하다는 것입니다. 또 황산화물(SOx)을 95퍼센트이상, 질소산화물(NOx)을 90퍼센트 이상 저감하는 환경 친화 기술이며, 유지보수가 쉽고, 노동력을 투입하지 않아도 된다는 장점이 있습니다. 그리고 다양한 저급 연료(석탄, 중질잔사유, 폐기물 등)를 활용해 전기를 생산할 수 있고, 화학플랜트를 활용하거나 액화 연료를 생산하는 등 다양한 형태의 고부가가치 에너지를 만들어 낼 수 있습니다. 하지만 장치의 면적이 넓고 시스템을 구축하는 데 비용이 많이 들어서 초기 투자 비용이 높다는 단점이 있습니다. 또 전체 설비의 구성과 제어 방식이 복잡해 연계 시스템을 최적화하고 시스템을 고효율화해야 하며 안정적으로 운영하는 데 많은 노력을 기울여야 한다는 단점도 있습니다.

1. 태양광에너지

재생에너지의 대표 주자로 태양을 빼놓을 수 없습니다. **태양광에너지**는 태양광 발전 시스템을 이용해 빛에너지를 모아 전기로 바꾸는 에너지입니다. 햇빛을 받아 전기를 만들어 내는 태양전지를 이용한 발전 방식이에요.

이 태양광 발전 시스템은 인체에 해로운 공해를 만들지 않고, 연료도 필요 없으며, 소리가 나지 않아 조용합니다. 또 쉽게 설치할 수 있으며 오래 사용할 수 있습니다.

태양광 발전 시스템은 태양전지로 구성된 모듈과 축전지 및 전력 변환 장치로 구성되어 있습니다.

2. 태양전지

태양에너지를 전기에너지로 변환할 목적으로 제작된 광전지인 태양전지의 원리를 알아볼까요? 태양전지는 전기적 성질이 다른 N(negative)형의 반도체와 P(positive)형의 반도체를 접합시킨 구조로 이루어져 있으며, 이들 반도체의 경계 부분을 PN접합이라고 합니다.

이러한 태양전지에 태양광이 닿으면 태양광은 태양전지 속으로 흡수되며, 흡수된 태양광이 가지고 있는 에너지에 의해 반도체 내에서 (+)와 (-)의 전기를 갖는 입자인 정공과 전자가 발생해 각각 자유롭게 태양전지 속을 움직여 다닙니다. 그러면 전자(-)는 N(negative)형 반도체 쪽으로, 정공(+)은 P(positive)형 반도체 쪽으로 모이게 되어 전하의 위치에너지 차인 '전위'가 발생하게 됩니다. 이 때문에 앞면과 뒷면을 붙여 만든 전극에 전구, 모터와 같은 부하를 연결하면 전류가 흐르게 됩니다. 이것이 태양전지의 PN접합(PN-junction)에 의한 태양광 발전의 원리입니다.

금속과 반도체의 접촉을 이용한 것으로는 셀렌 광전지, 아황산구리 광전지가 있고, 반도체 PN접합을 사용한 것으로는 태양전지로 이용되고 있는 실리콘 광전지가 있습니다.

장점	단점
· 에너지원이 청정·무제한	· 전력 생산량이 지역별 일사량에 의존
· 필요한 장소에서 필요량 발전 가능	· 에너지 밀도가 낮아 넓은 설치 면적 필요
· 유지보수가 용이, 무인화 가능	· 설치 장소가 한정적, 시스템 비용이 고가
· 긴 수명(20년 이상)	· 초기 투자비와 발전 단가 높음

태양전지의 장단점

3. 태양열에너지

태양에서 나오는 따뜻한 열에너지를 이용해 바로 사용하거나 한꺼번에 모아 사용함으로써 집을 따뜻하게 하고 물을 데우는 데 사용하는 장치가 바로 태양열 난방 장치입니다. 이 난방 장치는 태양광선의 파동 성질을 이용해 태양열을 흡수합니다. 흡수한 열은 그대로 저장할 수도 있지만 건물의 냉난방 및 급탕 등에 활용해요.

태양열 이용 기술의 핵심은 태양열을 모으는 집열 기술, 저장하는 축열 기술, 시스템을 제어하는 기술, 시스템을 설계하는 기술 등입니다.

태양열 시스템은 다른 신재생에너지 설비에 비해 설치하기 간단하고 저가에 공급되어 현재 많이 보급되었습니다. 그중에서도 가정용 온수 및 난방을 위한 시스템의 보급률이 압도적인 비율을 차지하고 있습니다. 현재 태양열을 이용한 냉난방 시스템 및 산업용을 위한 기술개발 투자가 활발히 진행 중이며, 실질적인 성과를 얻고 있습니다.

4. 풍력에너지

풍력에너지는 풍차나 돛단배 등 오래전부터 사용되어 온 친환경 에너지입니다. 화석연료의 사용으로 한동안 잊혔으나 재생에너지가 필요해지면서 다시 사랑받고 있습니다. 풍력발전은 널리 알려진 바와 같이 바람이 가진 운동에너지를 변환해 전기에너지를 생산하는 발전 시스템입니다. 육상에 설치된 풍력 발전기를 육상풍력 발전기, 해상에 설치된 풍력 발전기를 해상풍력 발전기라 분류하며, 해상풍력 발전기는 설치 형식에 따라 고정식과 부유식으로 분류됩니다.

날개(블레이드)가 바람을 받아 회전할 때 회전운동에너지가 만들어집니다. 증속기는 기어를 이용해 초기의 저속 회전을 발전용 고속 회전으로 전환해 회전운동에너지를 증폭시키고, 증폭된 회전운동에너지는 발전기를 통해 전기에너지로 바뀝니다. 이렇게 변환된 전기에너지는 변전소를 거쳐 소비자에게 공급됩니다. 국제재생에너지기구(IRENA)가 발행한 보고서에 따르면, 해상풍력 발전을 통한 전 세계 전력 생산량이 2015년 14기가와트에서 2045년이면 400기가와트로 약 30배가 증가할 것이라고 합니다. 특히 덴마크나 독일, 영국 같은 유럽에서 해상풍력 발전 개발이 활발하게 이루어지고 있습니다. 이외에도 다양한 풍력 발전기가 개발되고 있습니다. 그중 하나인 공중풍력 발전기는 바람이 통과할 수 있게 원통 모양으로 앞뒤가 뚫려 있는 거대한 풍선 형태인데, 원통 가운데에 프로펠러가 달려 있습니다. 공중풍력 발전기를 300~600미터 높이까지 띄우면 빠르고 센 바람이 프로펠러를 돌리게 되고 프로펠러와 연결된 발전기가 돌아가며 전기를 만들어 냅니다.

5. 수력에너지

소수력 발전은 물의 낙차를 이용한 시설 용량 1만 킬로와트 이하의 수력 발전을 의미합니다. 우리나라에는 1982년 정부의 지원을 받기 시작한 이래 현재까지 30여 개 지역에 설치되어 일일 평균 약 4만 3,000킬로와트를 생산하고 있습니다. 연간 전력 생산량은 약 1억 킬로와트에 달합니다. 소수력 발전은 전력 생산 외에도 활용도가 높습니다. 농업용 저수지, 농업용 보, 하수처리장, 정수장, 다목적댐의 용수로 등에도 적용할 수 있죠. 국내 개발 잠재량은 충분하며, 청정 자원으로서 개발할 가치가 큰 자원으로 평가받고 있습니다.

6. 지열에너지

지열이란 지표면의 얕은 곳에서부터 수 킬로미터 깊이에 이르기까지 뜨거운 물과 돌을 품고 있는 땅의 에너지를 말합니다. 지열에너지는 물과 지하수, 지하의 열 등의 온도 차를 이용한 에너지로, 냉난방에 활용합니다. 땅속 온도는 사계절 내내 거의 변하지 않습니다. 겨울에는 땅 위보다 따뜻하고 여름에는 땅 위보다 시원하죠. 이러한 점을 이용해 여름에는 땅속에서 시원한 온도를 끌어와 시원하게 하고, 겨울에는 따뜻한 온도를 가져와 따뜻하게 하는 것입니다.

지열 시스템의 시설로는 대표적으로 지열을 회수하는 파이프(열교환기)가 있는데, 회로 구성에 따라 폐회로와 개방회로로 구분됩니다.

폐회로 파이프는 지열을 회수(열교환)하기 위해 파이프 내에서 물 또는 부동액이 순환하며, 파이프는 고밀도 폴리에칠렌으로 만듭니다. 폐회로의 시스템(폐쇄형)은 루프의 형태에 따라 수직 루프 시스템과 수평 루프 시스템으로 구분됩니다. 수직으로 100~150미터, 수평으로는 1.2~1.8미터 정도 깊이로 묻히며 상대적으로 냉난방 부하가 적은 곳에 쓰입니다.

개방회로는 온천수, 지하수에서 공급받은 물을 운반하는 파이프가 개방되어 있는 것으로, 풍부한 수원지가 있는 곳에 설치할 수 있습니다. 폐회로가 파이프 내에서 열매와 지열로 열을 교환하는 방식이라면, 개방회로는 파이프 내로 직접 지열을 회수하므로 열 전달 효과가 높고, 설치 비용이 저렴하다는 장점이 있습니다. 반면 폐회로에 비해 보수가 필요하다는 단점이 있습니다.

바닷가에는 하루 두 번씩 밀물과 썰물 현상이 나타납니다. 이는 지구를 끌어당기는 태양과 달의 인력, 지구가 자전과 공전을 하면서 생기는 원심력으로 인해 생기는 현상입니다. 특히 지구와 가까운 달의 인력이 크게 작용하는데, 달과 마주 보는 바다와 반대쪽 바다는 인력과 원심력으로 인해 밀물이 되고, 직각을 이루는 곳은 썰물이 됩니다.

바다에서 발생하는 에너지로서 파도가 칠 때 사용할 수 있는 파력에너지, 바닷속과 바다 표면의 온도 차를 이용해 만드는 온도 차 에너지, 밀물과 썰물 때의 물의 깊이가 달라지는 현상인 조력에너지 등이 있으며 이러한 여러 에너지를 이용해 전기를 생산할 수 있습니다. 에너지 이용 방식에 따라 조력, 파력, 온도 차 발전으로 구분되며, 기타 해류 발전, 근해풍력 발전, 해양 생물 자원의 에너지화 및 염도 차 발전 등이 있습니다.

시화호 조력 발전소는 국내 최초이자 세계에서 가장 큰 규모의 조력 발전소 가운데 하나입니다. 발전기 10기가 연간 552.7기가와트의 전기를 생산하는데, 이는 인구 50만 명 정도의 도시에 공급할 수 있는 전기량입니다.

8. 바이오에너지

바이오에너지는 살아 있는 생물체로부터 생겨나는 에너지입니다. 나무를 땔감으로 사용하기도 하고 식물에서 기름을 추출해 액체연료로 만드는 등 동식물을 원료로 이용해 자연환경을 깨끗하게 유지하는 에너지입니다. 쓰레기매립지에서 발생해 환경오염의 원인이 되기도 하는 매립지 가스(LFG)를 원료로 발전 설비를 가동하고, 전력을 생산합니다. 이를 통해 매립지 주변의 환경오염(메탄가스 대기 방출)을 줄이고, 폐기물을 자원으로 재활용할 수 있습니다.

바이오매스란 태양에너지를 받은 식물과 미생물의 광합성으로 생성되는 식물체와 균류 및 이를 먹고 살아가는 동물체를 포함하는 생물 유기체를 총칭합니다. 바이오에너지는 바이오매스를 가공해 액체, 가스, 고체연료나 전기·열에너지 형태로 이용하는 기술입니다.

9. 폐기물에너지

폐기물 재생에너지란 사업장 또는 가정에서 발생하는 가연성 폐기물 가운데 에너지 함량이 높은 폐기물을 활용해 얻는 에너지입니다. 못 쓰는 물건을 다시 이용함으로써 폐기물도 처리할 수 있고 에너지도 얻어 일석이조의 효과를 얻습니다. 폐기물을 열분해해서 오일로 만드는 기술이나 성형고체 연료의 제조 기술, 가스화에 의한 가연성 가스 제조 기술, 소각에 의한 열회수 기술 등이 있습니다. 가공, 처리해 고체연료, 액체연료, 가스연료, 폐열 등으로 생산하고, 이를 산업 생산활동에 필요한 에너지로 이용할 수 있도록 합니다.

10. 핵융합에너지

영화 〈오블리비언〉(2013)은 2077년 미래 지구를 배경으로 펼쳐지는 이야기입니다. 인류는 외계인과 전쟁을 치르면서 핵무기를 과도하게 사용하게 되는데, 이로 인해 지구에 방사능이 퍼져 모두 토성의 두 번째 위성인 타이탄으로 이민을 떠나게 됩니다. 마지막 정찰병으로 남은 주인공 잭 하퍼는 바닷물을 에너지로 바꾸는 장치를 보호하고 이를 위한 전투 드론을 정비하는 일을 맡게 됩니다. 이 드론은 따로 에너지를 충전하지 않아도 적을 공격하고 움직일 수 있는데요, 이 드론에 사용하는 연료 장치가 바로 핵융합에너지 원자로입니다. 이 드론이 바닷물을 빨아당기는 장면이 나오는데요. 핵융합에너지의 원료인 중수소가 바로 바닷물에서 추출되기 때문입니다.

핵융합에너지는 무거운 원자핵이 분열되면서 에너지를 방출하는 핵분열과는 달리 가벼운 원소의 원자핵을 결합해 무거운 원자핵으로 만듭니다. 이때 핵융합이 일어나기 전 원자핵의 질량의 합보다 핵융합 뒤에 만들어진 원자핵의 질량의 합이 더 줄어듭니다. 여기서 발생하는 질량 차이에 의해 방출되는 에너지가 바로 핵융합에너지입니다.

❹ 핵융합은 태양계의 유일한 항성인 태양에서도 일어나는 반응입니다. 〈오블리비언〉에서 나오는 것처럼 **진정한 미래 에너지는 핵융합에너지**라고 평가됩니다. ❺ 우리나라에는 핵융합에너지를 연구하고 준비하는 국가핵융합연구소가 있습니다.

장치 핵융합의 원료로는 주로 수소와 같은 가벼운 연료가스가 사용됩니다. 이 원소들이 서로 결합해 헬륨처럼 좀 더 무거운 원소를 형성하게 됩니다. 해수에 존재하는 중수소를 원료 물질로 사용하기 때문에 연료 자원이 무한하고, 연료 공급이 중단되면 1~2초 내로 운전이 자동으로 정지하므로 원자력처럼 발전소 폭발이나 방사능 오염 같은 걱정을 하지 않아도 된다는 장점이 있습니다.

게다가 화석연료에서 발생하는 산성비, 온난화 문제도 없으며, 수소로 이루어진 태양과 같아서 태양에너지와 같은 신재생에너지입니다. 하지만 기술을 실현하기가 매우 어려워 아직 시행하지 못하고 있습니다. 상용화되면 여러 에너지 문제를 해결해 줄 것이라고 기대받고 있습니다.

30초 복습 퀴즈

배운 내용을 찬찬히 떠올리며 아래 빈칸을 채워 보세요.

❶ (   )는 재생에너지에 '신에너지'들을 추가한 개념이다.

❷ (   )는 지구에 존재하는 물질 가운데 가장 가벼운 무색, 무미, 무취의 기체로 산소와 결합한 물(H_2O)처럼 다른 원소와 결합된 상태이며, 대량으로 구할 수 있다. ❸ (   )는 수소 자동차에 사용되는 배터리로, 백금을 촉매제로 사용한다.

바이오에너지 이용 기술이란 ❹ (   )를 가공해 액체, 가스, 고체연료나 전기·열에너지 형태로 이용하는 화학, 생물, 연소공학 등의 기술을 말한다. ❺ (   )는 화석연료에서 발생하는 산성비, 온난화 문제도 없으며, 수소로 이루어진 태양과 같기 때문에 태양에너지와 같은 신재생에너지다.

정답 ❶ 신재생에너지 ❷ 수소 ❸ 연료전지 ❹ 바이오매스 ❺ 태양열에너지

참고자료

도서·잡지

- 김영민 외 지음, 《고등학교 물리 I 》, 교학사, 2011
- 노태희 외 지음, 《중학교 과학 3》, 천재교육, 2020
- 문주현 외 지음, 《대통령을 위한 에너지정책 길라잡이》, 에스와이커뮤니케이션즈, 2021
- 박영희 외 지음, 《단번에 개념 잡는 기후변화》, 다른 2021
- 신영준 외 지음, 《과학탐구실험》, 천재교육, 2018
- 유레카 편집부 지음, 《원자력 에너지 찬성 VS 반대》, 디지털유레카, 2020
- 이찬복 지음, 《에너지 상식사전》, MID, 2019
- 임태훈 외 지음, 《중학교 과학 3》, 비상교육, 2020
- 정창훈 지음, 조에스더 그림, 《궁금했어, 에너지》, 나무생각, 2019
- Paul G. Hewitt 지음, 《Conceptual Physics》, 2006

도서·잡지

*   정회성, <환경변화와 인류문명 그리고 지속가능발전>,《환경논총》
    47, 3-23, 2008

사이트

*   국가핵융합연구소 www.nfri.re.kr

*   기상청 www.kma.go.kr/kma

*   한국가스공사 post.naver.com/my.naver?memberNo=6411495

*   한국석유공사 www.knoc.co.kr

*   한국에너지공단 www.knrec.or.kr/biz/main/main.do

*   한국원자력통제기술원 www.kinac.re.kr

*   한화솔루션 www.chemidream.com

기사

- "[세상을 바꾼 발명품] 세상에서 가장 위험했던 실험",
  사이언스타임즈, 2015.07.27.
- "필리핀 피나투보화산 화산 폭발", KBS, 1991.06.17.

기타

- "[반도체 인명사전] 과학자들의 고민해결사 에발트 폰 클라이스트",
  SK하이닉스 뉴스룸, 2015.03.04.
- "[에너지학개론] 제1강. 석유의 역사", GS 칼텍스 미디어허브,
  2018.6.22
- "영화속 신재생에너지! – 영화 속엔 어떤 신재생에너지가 숨어
  있을까?", 한국그린에너지 공식 블로그, 2020.8.15.

단번에 개념 잡는 에너지

8가지 핵심 질문으로 빠르게
마스터하는 중학 과학의 기초

초판 1쇄 2022년 11월 28일

지은이 박순혜, 이효정

펴낸이 김한청
기획편집 원경은 김지연 차언조 양희우 유자영 김병수 장주희
마케팅 최지애 현승원
디자인 이성아 박다애
운영 최원준 설채린

펴낸곳 도서출판 다른
출판등록 2004년 9월 2일 제2013-000194호
주소 서울시 마포구 양화로 64 서교제일빌딩 902호
전화 02-3143-6478 **팩스** 02-3143-6479 **이메일** khc15968@hanmail.net
블로그 blog.naver.com/darun_pub **인스타그램** @darunpublishers

ISBN 979-11-5633-510-8 44000
　　　 979-11-5633-399-9(세트)